최소한의
밥벌이

하루 한 시간이면 충분한

최소한의
밥벌이

자세한 설명을 위한 급 기자회견

'얼터네티브 농부'가 대체 뭐죠?
'얼터네티브 록'에서 따온 말로
'대안적(alternative) 농부'란 뜻이죠.
본업으로 글을 쓰고, 부업으로 농사짓는
신개념 농부가 돼보겠다는 겁니다.

왜 그런 시도를 하겠다는 겁니까?
글쓰는 데 몰두하고 싶어서죠. 밥은 먹고 살아야 하니
직접 벼농사를 지어 '최소한의 밥벌이'를 하겠다 이겁니다.
그럼 굶어 죽을 일은 없지 않겠어요?

그래서 구체적으로 어떻게 한다는 거죠?

첫째, 하루 1시간만 벼농사를 짓는 겁니다.

최소한의 노력으로 1년 치 쌀을 얻는 게 목표죠.

1시간 빼고 자유!
글쓰기에 몰두한다.

FREE

둘째, 내 스타일은 버리지 않을 겁니다.

농사는 식량 마련을 위한 방편일 뿐,

내 정체성은 글쟁이라는 걸 잊어선 안 됩니다.

뭘하든 스타일은 중요하니까요!

알로하 셔츠

중고 포르쉐 오픈카

감동적이야 선배.
지방발령 떨어졌으니까
꼭 얼터너티브 농부가 되라구～

아, 진짜 와 버렸다!
도시에서 자라서 농사는 모르는데……

죽으란 법은 없다. 운명적으로 스승님도 만나고

스승님의 도움으로 농사지을 땅도 구했다.
이제, 시작이다!

초짜 농부의 무모한 도전, 과연 성공할 수 있을까?

목차

일러두기

1. 이 책의 원래 제목은 《おいしい資本主義(맛있는 자본주의)》다.
2. 본문의 각주는 옮긴이가 만든 것이다.

백퍼 리얼 버라이어티,
하루 한 시간 밥벌이 프로젝트

우석훈(경제학자)

한겨레 정치부 대기자였던 김의겸이 청와대 대변인이 되는 과정은 순탄하고 자연스러웠다. 자유한국당의 전신인 민정당 중앙정치연수원을 점거농성하고 연이은 투쟁으로 구속되었으며, 대학 졸업 후 한겨레 입사. 어쩌면 너무도 자연스러운 시대적 삶을 살았고, 그런 그가 청와대 대변인이 된다고 해서 뭐라고 할 사람도 별로 없었다. 촛불집회로 만들어진 문재인 정부의 분위기는 그랬다.

그가 노후를 걱정하며 소위 '딱지'라고 불리는 재건축 예정의 건물을 사지 않았다면, 그는 운동권 내의 '성골 중의 성골'로 인생을 마무리했을 것이다. "집도 절도 없다"며 건물주의 삶으로 그가 노년을 선택한 순간, 대한민국이 발칵 뒤집혔다.

노년이 두려운 것은 우리 모두 마찬가지다. 그렇다고 건물주?

그것도 재건축? 이 소시민적 선택으로 그가 평생에 걸쳐 쌓아온 모든 평판이 무너졌다.

마침 그와 동갑인 1963년생 아사히신문사의 곤도 고타로라는 고참 기자의 은퇴 준비기, 《최소한의 밥벌이》를 읽게 되었다. 아사히가 높으냐, 한겨레가 높으냐 하는 건 좀 바보 같은 질문이다. '전통의 아사히', '일본 공무원이 제일 먼저 본다는 아사히', 아사히에 달린 별칭도 많다. 사실 뭐, 잘 모르겠다. 아사히신문 1면에 나의 인터뷰 기사가 실린 적이 있었다. 그리고 한 번 더 인터뷰가 실렸는데, 그렇다고 내 인생이 크게 바뀐 것 같지는 않다. 한겨레는 거대한 민주화 흐름과 함께 1988년에 생겨난 신문이다. 그 역사의 무게가 그 이름에 실려 있다. 내 입장에서는, 둘 다 좋은 신문이다.

　하여간 그런 괜찮은 일본 신문사의 기자도 나이를 먹어가면서 삶에 대해 고민하게 된다. 점점 더 신문의 힘이 약해지고, 잡지의 힘이 빠지고, 책의 힘이 빠지는 순간이다. 몇 권의 책을 출간한 50대 중반의 기자 역시 자신의 노년에 대해 어찌 걱정이 없었을까?

그런 그가 선택한 것은 우와, 농사다. 그것도 힘들다고 소문난 벼농사. 이런 맙소사! 그리고 그가 1년간 겪은, 딱하고 눈물 없이 볼 수 없는 사연들이, 그러나 지켜보는 입장에서는 "이 바보야, 그게 아니지" 하고 웃음을 참으면서 참견질 하고 싶게 만드는 사연들이 아사히신문에 연재된다. 곤도 아저씨, 그만 좀 웃기세요! 일본 전역이 이 유쾌하고도 안쓰러운 초보 농부의 벼농사에 열광했다. 웃기려고 그런 게 아니라니까! 너도 해봐, 이게 얼마나 힘든지.

—

곤도가 처음부터 웃기려고 했던 것은 아니다. 그리고 사실 처음부터 농사를 지으려고 했던 것도 아니다. 자기보다 나이 어린 부장에게 살짝 심통이 나서 '얼터너티브 농부'라는 되도 않는 뻥을 쳤다. 어쩌면 나 좀 달달 볶지 말라는 말을 돌려서 한 것인지도 모른다. 그런데 이 부장이 '나도 너 보기 싫어'라는 말 대신, 선배의 희망사항(!)을 실현시켜주기에 이른다.

"곤도 선배. 지난번 그 이야기 말이야, 선배가 바라는 쪽으로 진행될 가능성이 높아. 그러니 좀 더 자세한 기획서를 만들어줘."
뭐? 정말이야? 농담도 통하지 않는 건가? 내가 농사꾼이 돼? 그게 가능할 리 없잖아?

어쩌면 그의 부장은 나이 많고 다루기 힘든 괴짜 기자를 자기 부서에서 해치우기로 진작 마음먹었을지도 모른다. 그리하여 부장은 도쿄에서 가장 먼, 그리고 보통의 아사히 기자는 평생 한 번도 가지 않을 나가사키 아래쪽의 이사하야 지국으로 발령 내는 쾌거를 이룬다. 형식적으로는 어디까지나 선배의 곤혹스러운 부탁을 성실하게 들어준 후배 부장이다. 그렇지만 독자는 알 것이다. '나, 당신 좀 그만 보고 싶어.'

나도 구글어스로 이사하야를 찾아봤다. 오메나야, 도쿄보다는 차라리 우리나라에서 더 가까운 규슈의 왼쪽 끝이다. 진짜 먼 데로도 보냈다.

이 어이없는 조치에 의연히(?) 대처하면서 곤도의 '하루 한 시간 농사짓기' 프로젝트가 시작된다. 그런데 우리의 곤도 상은 지방 발령 소식을 듣자마자 포르쉐 오픈카부터 지르고(!) 만다.

포르쉐? 그렇다. 김의겸 사건으로 낙마하게 된 어느 장관 후보의 아들이 미국 유학 가서 탔다는 그 포르쉐 말이다. 그 비용을 대기 위해 전셋값을 올렸다고 청문회장에서 태연히 말해, 온 국민을 멘붕에 빠트렸던 바로 그 포르쉐 말이다.

아무튼 이렇게 해서 포르쉐와 하와이안 셔츠를 시그니처로 내세운, 하루 한 시간만 농사를 지으며 평생 안정적으로 글을 쓰겠다는 야무진 꿈을 꾸는 사나이가 이사하야라는 촌구석으로 떠난다.

다른 건 몰라도 그는 스타일만큼은 절대로 포기할 생각이 없다. 그건 그의 '미학'이다. 미학을 포기하느니, 차라리 삶을 포기하겠어! 도쿄 시부야 출신의 50대 중반 기자의 벼농사 프로젝트는 이렇게 얼떨결에 시작된다. 준비? 폼 나게 논두렁을 달려줄 중고 포르쉐가 전부다. 하여간 출발!

—

너무 돈이 없어서 빌빌거리고 지내던 시절의 일이다. 결혼하고 9년 만에 큰애가 태어났는데, 연이어 태어난 둘째가 폐렴으로 연거푸 입원하던 때였다.

"나중에 돈 좀 벌면, 포르쉐 카이엔 사줄까?"

아내에게 말했다. 그런, 돈만 비싸고 형편없는 차를 뭐 하러 사느냐고 죽도록 혼났다. 아내는 영국에서 하는 방송 〈탑기어〉를 종종 재밌게 본다. 거기서 '바보 차'라고 단골로 놀림받는 차라는 거다. 별 생각 없이 한마디 던졌다가 하여간 세상물정 모른다고 엄청나게 혼이 났다. 폼 난다고 포르쉐를 샀다가, 나중에 수리 견적서를 받은 사람들이 문화충격에 빠진다는 얘기는 후에야 들었다. 야, 이거 무서운 거였구나.

어쨌든 이사하야로 출동한 포르쉐 오픈카는 초장부터 사건에 사건을 만든다. 그리고 곤도는 사건에 사건을 일으킨다. 도저히 논에서는 어울릴 것 같지 않은 알로하셔츠를 고집스럽게 입는 우리의 곤도는, 진짜로 신의 은총이 아니라면 설명하기 어려울 정도로 하나하나씩 논농사 단계를 넘어간다.

　다른 사람은 어떨지 모르지만, 곤도의 포르쉐가 논두렁에 처박혀 박살이 났을 때, 나는 안 웃을 수가 없었다. 어차피 곤도의 현장에 심각한 것은 없다. 일부러 이렇게 코미디를 짜려고 해도 과한 설정이라고 동료 개그맨들이 반대할 만한 스토리다.

　그렇지만 우리의 곤도, 독자들을 웃기기 위해서는 포르쉐 따위, 특히 중고 포르쉐 따위, 가볍게 논바닥에 처박아주신다. 인근 절의 주지가 탄 경차가 사정없이 포르쉐를 들이받아버린 것.

그래, 처음부터 다들 안 어울린다고 했지!

곤도는 자신이 농부로 살려는 게 아니며, 농사를 짓는 건 글쟁이로 살기 위해 딱 자기 먹을 것만 얻기 위한 '식량 조달 작전'에 불과하다고 아주 심각하게 강변한다. 자신은 자본주의를 전복하려는 게 아니라 자본주의의 장점만 따먹으려는, 아주 진지한 글쟁이다! 하고 연신 외친다. 이 아저씨, 귀엽네. 아 너무 웃기네.

그렇다고 이 모든 과정이 순탄한 것만은 아니다. 바로 위에서 농사짓는 '아버님'이 콘크리트 공구리로 물구멍을 막아놓고, 곤도의 논으로는 한 방울도 물을 흘려주지 않을 때, 독자의 마음도 같이 타들어간다. 제발!

우리가 아는 《피터팬》 소설의 원형에는 팅커벨이 죽어가는 장면이 나온다. 그때 느닷없이 피터팬이 소설에서 외친다. "여러분, 박수를!" 그리고 독자들의 박수를 받은 팅커벨이 다시 빛을 내며 살아난다. 소설 초기의 연극적 요소를 활용한 장면이다.

심술궂게 자기 논에만 물을 대던 아버님이 어느 날, 심통스럽고 퉁명스럽게 곤도의 논으로 물을 흘려보내준다. 오~ 예!

농사 막바지에는 유례없는 태풍이 몰아쳐서 곤도의 볏단을 하늘로 날려버린다. 블랙 사바스의 〈쉬즈 곤(She's gone)〉이 저절로 생각나는 대목이다. 그럼 그렇지, 이 얘기가 해피엔딩으로 끝나면 너무 밍숭맹숭하지!

이 초짜 농부의 벼농사 도전기는 아사히신문에 연재된다. 마침 아사히신문이 대형 오보 사건을 내고, 사장이 사퇴하는 어마무시한 일들이 벌어지던 때였다.

　뭔가 색다른 뉴스에 목말랐던 사람들이 이 얼렁뚱땅 농사 얘기에 열광한다. 신문에서만이 아니었다. 매일 오전 한 시간만 일하고 딱 자기 먹을 쌀만 생산하겠다는 이 아저씨는 동네에서도 뉴스거리가 된다. 농약을 쓰고 제초제도 쓰는 관행농의 관점이든, 엄격한 유기농의 관점이든, 전통적 농사의 관점 어느 쪽으로 보더라도 곤도의 한 뼘 농사는 그야말로 '개막장' 농사다. 장난도 아니고 그렇다고 고결한 것도 아니고, 이건 뭐여?

농협에서 지원하는 무인 헬기가 수영장보다 작은 곤도의 논에 농약 살포도 한다. 논 인근에 초등학교가 있어서 거기다 농약을 뿌려도 될까 갈등하는 곤도의 고민과는 상관없이, 결국 소형 헬기가 뜬다. 그곳도 공동체라, 그들끼리 하는 방식을 초보 농사꾼이 바꾸기도 어렵다. 그럼 농약 안 쳐서 창궐하는 벌레는 니가 한 마리씩 잡을 겨?

그러자 아사히 독자들이 난리가 났다. 아니, 아사히신문에서도 농약의 위험성을 여러 번 말했잖아요? 재밌게 읽고 있던 기사인데 이건 뭔가요? 저, 아사히에 대실망이에요!

곤도는 끊임없이 자신이 농사짓는 이유, 자본주의 사회의 불합리성, 세계적 질서의 위험, 이런 것들을 정색하고 주장한다. 그러나 그것은, 얼떨결에 농사를 짓게 된 중년 기자의 하소연이나 변명처럼 들린다. 마치 '얼터너티브 농부'라는 단어를 부장 앞에서 즉석으로 만들어낸 것처럼 말이다.

그래서 혁명을 하자는 거야, 말자는 거야? 자본주의를 찬성한다는 거야, 반대한다는 거야? 아 몰라, 하루 한 시간씩 농사지으면 자기 먹을 쌀은 나온다는 거 아냐!

—

어쨌든 무지막지하게 웃기는 초보 농사꾼의 밥벌이 스토리는 해피엔딩으로 끝난다. 그건 모진 시련에도 불구하고 농사를 성공적으로 마쳤기 때문은 아니다. 그가 했던 실험이 성공적으로 끝나서, 앞으로 일본의 수많은 청년이 하루 한 시간씩 농사일을 하면서도 자신의 본업을 열심히 꾸려갈 수 있는 새로운 트렌드가 생겨날 것이라서도 아니다. 거대 자본의 힘에 대항하여, 논의 물이 다 빠져나갈 정도의 작은 구멍을 냈기 때문만도 아니다.

그리고 이게 가장 중요한데, 그런 하루하루가 이제 즐거워서 견딜 수 없다는 사실이다. 이런 시대를 살아갈 아이디어가 계속해서 떠오른다. 본업인 글쓰기에도 탄력이 붙었다. 이런 시골에 와 있는데도 작년보다 편집자들의 원고 청탁이 늘었다. 이게 어찌된 일인가. 틀림없이 내가 즐거워 보이기 때문이다. 활기 있게 나만의 삶을 살아가는 게 보이니까. 나는 그렇게 믿는다.

구경꾼인 우리가 곤도의 삶을 비웃을 방법은 백 가지 정도 찾을 수 있을 것이다. 곤도, 자네 결혼은 했는가? 애는? 그래, 그건 혼자 살기 때문에 가능한 거야. 결혼하고 애 있으면 못하지! 곤도, 자네는 일본 사람 아닌가? 일본 농협은 그래도 한국보다는 덜 부패했잖아. 그래서 가능한 거야! 곤도, 자네는 일본이 자랑하는 대신문, 아사히의 기자 아닌가. 그것도 정년이 보장된 정규직. 월급도 잘 나오잖나. 시골의 1인 지국이라도 말이야! 곤도, 자네는 벌써 책을 열 권 가까이 낸 사람 아닌가. 나름 자리 잡은 글쟁이 아닌가 이 말이지!

그럼에도 내가 한국 독자들에게 이 책을 자신 있게 소개하는 이유는 이게 영화 〈리틀 포레스트〉의 기자 버전 혹은 책 《시골 빵집에서 자본론을 굽다》의 벼농사 버전, 그런 거라서가 아니다.

귀농귀촌 성공기 혹은 달달한 귀촌기 아니면 팍팍한 귀촌기, 그런 건 이미 많다. 그렇다고 도시 농업을 비롯한 농업의 위대성 혹은 공동체의 소중함, 그렇게 아무도 관심 없을 얘기를 반복하고 싶은 것도 아니다.

이건 어영부영, 은퇴를 걱정하면서 삶을 마감할 뻔한 대기업 아니 대신문 기자가 자신의 삶에서 '즐거움을 되찾은 얘기'다. 즐겁고 활기 있는 삶을 살아가게 되면서 더 많은 원고 청탁이 들어오게 된 행복해진 글쟁이에 관한 이야기이고, 어영부영 살다 비로소 삶에 발 디딜 발판을 찾은 사람에 관한 이야기다. 도쿄에서 아주 까칠하게 살던, 진짜 혼자 놀던 기자가 즐거움을 찾고 행복해진 이야기다.

우연하게도, 은퇴를 걱정하면서 상가 건물에 '몰빵'한 기자 얘기와, 역시 은퇴를 걱정하면서 포르쉐 몰고 농사지으러 떠난 또 다른 기자 얘기를 거의 동시에 보았다.

그리고 나는 올해 몇 년간 미루어오던 《농업경제학》을 출간하기 위해 준비 중이다. 이제 여덟 살, 여섯 살인 두 아이를 돌보면서 살아가는 나도 은퇴 걱정이 없지는 않다. 뭘 하면서 남은 긴 인생을 살아야 할지 잘 모르겠다.

아마 지금 스무 살이 된 한국의 청년들은 더더욱 막막할지도 모른다. 은퇴를 걱정하는 50대에게, 부모가 건물을 물려주지 못할 거라는 사실을 너무 잘 알고 있는 청년들에게, 곤도의 이 농사짓기 실험을 권하고 싶다.

즐거움과 행복, 그리고 약간의 스타일. 이건 우리가 포기하면 안 되는 삶의 이유일 것 같다. 자신이 서 있는 곳에서 조금씩 시도해볼 수 있는 일이 아닌가도 싶다. 사회의 모든 모순을 고칠 수 없고, 모든 것을 바꿀 수도 없다.

그러나 주변 사람을 가끔 웃기고, 자신도 결국 행복해지는 것, 그건 가능한 일이 아닌가?

지난 몇 년간 읽은 농업 관련 책 중에 가장 경쾌하고 유쾌한 책이었다. 여운이 오래간다. 아, 여기에 포르쉐와 농기계 그리고 소형 헬기 얘기만 나오는 것은 아니다. 영화 〈보니 앤 클라이드〉에서 모티브를 따온, 약간의 풋풋한 로맨스도 있다. "나 먹을 것만 할 거야"라던 곤도의 마음이 흔들린 것.

그런데 지금까지 농사를 지으며 깨달은 것은 1인분을 재배하나 2인분을 재배하나 벼농사 작업량은 별 차이가 없다는 사실이다. 그렇다면 내년에는 보니 몫까지 재배해주고 대신 채소를 받을까? 증여경제의 탄생이다.

'초짜가 땅을 일구고 바보가 써레질하고 얼간이가 모내기를 했어도 벼는 자란다.' 이런 신념으로 1인분을 고집하던 곤도가 옆 밭에서 일하는 보니와 친해지고 나선 금방 전략을 수정한다. 그리고 그게 증여경제라고 호들갑을 떤다.

삶이란 그런 것인지도 모른다. 너무 인상 쓰며 사는 것, 자신의 삶을 두고 너무 심사숙고하는 것, 그거 건강에 안 좋다. 곤도의 지속 가능한 농부 생활을 응원하며, 독자 여러분들의 즐거움 찾기도 응원하고 싶다.

돈 버는 삶에서
벗어날 권리

토마 피케티가 쓴 《21세기 자본》은 두꺼운 경제 서적으로는 보기 드물게 베스트셀러에 올랐다. '자본 수익률(r)>경제성장률(g)'이 성립된다는 사실을 실제 데이터로 입증한 피케티의 노력이 깃든 작품이다. 주식이나 부동산을 굴려 늘어나는 재산(r)이 월급 같은 노동소득이 늘어나는 것(g)보다 더 크다는 사실을 증명했다. 획기적인 책이다.

그런데 이건 결국, '이대로 두면 격차는 더 벌어진다'는 의미다. 세금 같은 사회제도로 바로잡지 않는 한, 부유층과 빈곤층의 격차는 더욱 크게 벌어진다. 너무 당연한 소리다. 부유층은 여유자금을 굴려 리스크가 있는 대신 수익이 큰 투자를 한다. 그렇게 얻은 수익을 또 굴려서 불린다. 그러나 하루하루 빠듯하게 살아가는 월급생활자들은 투자해 굴릴 여유자금이 없다. 부유한 사람만 더 부자가 되어 격차는 점점 더 크게 벌어진다.

피케티는 이런 상태를 바로잡아야 한다고 주장한다. 나도 찬성이다. 그렇지만 내가 이런 생각을 갖는 까닭은 도덕적 양심 같은 것 때문이 아니다. 이런 식으로는 '사회가 유지될 수 없다'고 생각하기 때문이다. 사람은 사회를 이루지 않으면 살아갈 수 없는 약한 동물이다. 그리고 안정된 사회를 만드는 데 엄청난 부자 같은 건 필요 없다.

> 국가를 안정되게 하려면 가능한 한 이쪽 끝과 저쪽 끝 사이를 좁혀야 한다. 백만장자와 거지 어느 쪽도 인정해서는 안 된다. 이 두 신분은 (중략) 공공복지에 매우 해롭다. 한쪽에서는 폭정의 선도자가 태어나고 다른 한쪽에서는 폭군이 태어난다.
> – 루소, 《사회계약론》

피케티는 안정된 사회를 만들기 위해 세계 여러 나라가 힘을 모아 자산에 누진세를 부과하자고 주장한다. 나는 이 부분에서 멈칫했다. 부유층이 지닌 재산에 누진세를 매길 만한 힘을 지닌 세계정부라니. 이 얼마나 엄청난 권력인가.

예브게니 자먀찐■이 쓴 《우리들》에 나오는 '단일제국' 이야기 아닌가? 국민은 모두 번호로 불리며 '은혜로운 분' 아래서 모든 생활을 감시당하고 관리받는 그런 나라. 섹스마저 허가제다.

이처럼 소설에나 나오는 강력한 권력이 아니면 전 세계가 동시에 재산에 대한 누진세를 부과한다는 것은 불가능한 이야기다. 솔직히 나는 그런 권력은 절대 존재하지 않기를 바란다. '권력'이라는 괴물의 유전자는 끊임없이 자기 몸뚱이를 증식하도록 프로그래밍되어 있다. 권력자가 좋은 사람이냐, 나쁜 사람이냐는 아무 상관없다. 권력은 반드시, 그리고 예외 없이 자기 조직을 지키고 확대하려든다.

그렇기 때문에 '사회'를 유지하기 위해서는 정신을 바짝 차려야한다. 모든 걸 한꺼번에 내주면 안 된다. 한정적인 권한만 주며 늘 권력을 또 다른 권력에 맡겨야 한다. 완전히 주는 것이 아니라 위탁해야만 한다.

부유한 사람만 더욱 부자가 되는 권력 관계 때문에 생긴 불공평을 다른 권력 관계로 바로잡겠다는 논리는 애당초 모순이다. 그럼 어쩔 거냐고? 이렇게 물어도 나는 확실한 답을 모른다. '다들 이렇

■ 러시아 작가이자 정치 풍자가.

게 하면 좋겠다'는 해답은 없다. 다만 '나는 이렇게 사는 게 좋다'고 하는 답은 있다. 머릿속에만 있는 몽상이 아니다. 내가 몸소 확인한 실험의 결과다. 그게 뭐냐고?

벗어나는 것이다.

도망치는 것, 이라고 쓸 뻔했는데 도망치는 것과는 다르다. 도망친다고 하면 상대방에게 등을 보인 채 전속력으로 달아나는 이미지다. '벗어난다'는 것에는 그런 심각한 느낌이 없다.

문득 시선을 다른 곳으로 돌린다, 예상치 못한 방향으로. 콧노래라도 부르며 어깨를 흔들고 리듬을 타면서 어슬렁어슬렁 걸어 어디론가 사라져버린다. 문제를 문제가 아닌 걸로 만들어버리는 거다.

격차 문제가 문제다, 라는 문제 제기 방식에는 문제가 있다고 생각한다. 자세한 이야기는 본문에서 하겠지만, 격차가 문제라면 그건 결국 격차를 없애고 모두 경제적 강자가 되자는 논리 아닌가? 그 격차를 측정하는 기준은 무엇인가. 돈이다. 돈을 기준으로 문제가 있고 없고를 따진다는 것이다.

이게 과연 옳을까. 모든 것을 돈으로 측정해왔기 때문에 세상 사람들의 욕망이 거의 비슷해졌다. 남녀노소 똑같은 욕망을 지닌 인간이 되고 말았다. 한심한 노릇이다. 고도로 발달한 자본주의, 쇠락한 근대국가의 끝자락을 사는 우리는 어쩔 수 없는 측면이 있다. 그런 생활방식에 익숙해지고 만 것이다.

하지만 그런 사회에서 이제 조금 벗어나자. 벗어나려고 행동하자. 생각만이라도 좋다. 그냥 슬쩍 벗어나보는 거다. 온 힘을 다해 도망치겠다는 게 아니다. 자본주의 사회에 한쪽 발을 담근 채, 내 인생의 중요한 부분만 다른 곳으로 벗어나보는 거다.

그렇게 산다면 어떻게 될까? 이 책은 그렇게 살아본 내 실험의 기록인 셈이다.

본문 각 장의 마지막에는 내가 좋아하는 노래 가사나 시를 끼워 넣었다. 정확한 가사라고는 할 수 없고, 영어 가사는 내키는 대로 의역했다. 콧노래나 흥얼거리며 어슬렁어슬렁 다른 길로 슬쩍 벗어날 때 가끔 흥얼거리는 노래 가사들이다. 어깨의 힘을 뺀 채 리듬을 타며 산책하는 것 같은, 그런 콧노래 같은 책이 되었으면 좋겠다.

슬쩍 리듬만 타도

흔들리는 나무에서 들려오는 콧노래

거리를 스쳐가는 바람 속에

두 사람을 축복하는 노래

그렇게 느꼈네

– 엘리펀트 카시마시(ELEPHANT KASHIMASHI), ■〈콧노래〉

■ 1981년, 중학교 1학년 동급생이 결성한 일본 록밴드. 2017년에 데뷔 30주년을 맞이했으며, 2018년 6월에 23번째 정규 앨범을 출시했다.

1. 미래는 회사 밖에 있다

"선배, 지금 장난하는 거야?"
지방으로 발령이 나면 밀려난다고 생각하는 기자가 대부분이다.
그런데 내가, 먼 시골에 있는 1인 지국으로 보내달라고
강력하게 요구하고 있다.

"지방에서 무슨 기사를 쓴다고?"
뭘 쓰겠다는 계획은 아직 없다.

그저 '얼터너티브 농부'가 되겠다는 막연한 생각뿐.

"그게 뭔데?"
당연히 들어본 적 없는 단어일 것이다.
내가 방금 만들어낸 조어니까.
얼터너티브(alternative) 농부.

본업으로 글을 쓰고, 부업으로 농사짓는
'대안적 차원의 농부'가 한번 돼보겠다는 거다.

다시, 먹고사는 고민이
시작되다

안 좋은 소식은 빨리 퍼진다. 오랫동안 함께 일하던 프리랜서 카메라맨이 연말의 어느 날 전화를 했다. 몇 년 만이었다.

"간만에 얼굴 좀 볼까?"

바로 느낌이 왔다. 아마 일거리가 없기 때문일 것이다. 실력 좋은 카메라맨이었다. 뮤지션을 취재할 때면 주로 같이 나가는 파트너였다. 나는 상상도 못한 놀라운 사진들을 뽑아내곤 했다. 들어오는 일 중에서 자기 마음에 드는 것만 골라서 할 정도로 잘나가는 사람이었다.

그렇지만 실력 있는 작가들이 흔히 그렇듯, 그도 장인 기질이 있었다. 성격이 좀 까다롭고 입도 거칠다고나 할까? 말투에 날이 서 있었다. 나야 그런 걸 알면서도 마음에 들어 사귀었지만, 그런 성격은 자기 세상을 점점 더 좁게 만든다. 사회생활은 결국 인간관계다 보니, 일을 할 수 있는 잡지나 매체가 계속 줄어든 모양이다.

한때 그는 나하고 하는 일이 제일 많았다. 그 정도로 '중요한 고객'이었던 나와도 자꾸 부딪혔다. 어느 날, 사소한 의견 차이 때문에 완전히 충돌했다. 나도 화를 참지 못하는 성격이라 "그럼 이제 같이 작업하지 말자"며 인연을 끊었다. 그런데, 그렇게 고집스럽고 융통성 없는 사람이 다툰 적 있는 상대에게 먼저 보자고 연락하는 일은 흔치 않다. 아니나 다를까, 일감 때문이었다.

'거래하던 잡지사들이 대부분 문을 닫았다. 남은 일거리라고는 보수가 싼, 실력을 발휘할 여지가 없는 시시한 일들 뿐. 편집자의 질도 점점 떨어진다. 이런 상태로는 먹고살 수 없다. 사진을 그만둘까 고민하는 동료 카메라맨도 있다….'

하소연이 이어졌다. 재능 있는 동료를 괴롭힌다면 형편없는 인간이다. 내가 굳이 이러니저러니 긴말할 필요도 없다. "괜찮은 일감이 생기면 연락할게"라고 약속하고 술잔을 기울이며 세상 돌아가는 이야기로 화제를 옮겼다.

그날 밤, 집으로 돌아와 잠자리에 들어서도 쉽사리 잠을 이루지 못했다. 머릿속이 복잡했다. 인터넷이 대중화되면서 글이나 사진, 음악은 물론 영화도 공짜로 즐길 수 있는 것이 되어버렸다. 그 카메라맨 실력은 어디 내놔도 빠지지 않는다. 그런 사람이 사진만으로 먹고살 수 없는 세상이 되었다니, 이게 뭔가.

그뿐만 아니다. 오래 알고 지내던 글쟁이나 편집자가 본업만으로는 먹고살 수 없어서 편의점 아르바이트를 하거나 고향으로 내려가 부모님 일을 물려받으면서 자기 일을 겨우 이어가고 있다는 소식이 자주 들렸다.

이야기가 좀 다르지만, 싱어송라이터 나나오 다비토는 레코드 회사와 계약이 끝나면 편의점 같은 데서 아르바이트를 할 생각이었다고 밝힌 적이 있다. 그때 나나오를 아끼던 뎅키 그루브▪의 멤버 이시노 타큐가 이런 말을 했다.

"넌 음악으로 살아가는 사람이야. 아르바이트나 할 거면 다신 널 만나지 않겠다."

아르바이트를 하는 게 나쁘다는 말이 아니다. 그저 먹고사는 방편으로 편의점 아르바이트를 하게 되면, 거기에 기운을 뺏길 수밖에 없다는 뜻일 테다.

▪ 1989년에 결성된 일본의 테크노 음악 그룹.

1902년에 태어난 미국 작가 에릭 호퍼(Eric Hoffer)는 '길 위의 철학자'로 널리 알려졌다. 그는 부두에서 육체노동을 하면서 사색과 글쓰기로 하루하루를 보냈다.

엔시날에서 하와이언 머천트 호에 짐을 싣는 작업은 여덟 시간. 힘들지 않아 무척 즐거운 하루였지만 저녁이면 심한 압박감을 느낀다. 내가 인생을 즐기지―좋은 집에 살고, 좋은 옷을 입고, 멋진 서재를 만들고, 최대한 좋은 음악을 듣지―않는다는 것은 세속적인 이유 때문이 아니다. (중략) 나는 일정한 공간에서 생각하고 계속 글을 쓸 수 있으며 완성된 원고는 그냥 내버려둔다. 내가 만족하는 데 필요한 것들은 아주 적다. 하루 두 끼의 맛난 식사, 담배, 내 관심을 끄는 책, 매일 조금씩 글쓰기. 이게 내게는 생활의 전부다.

― 에릭 호퍼, 《부두에서 일하며 사색하며》

호퍼에게 육체노동이란 먹고살기 위해, 끼니를 마련하기 위해서만 하는 것은 아니었다. 젠체하는 지식인은 되고 싶지 않았다. 그래서 그의 철학에는 육체노동이 필요했다.

아웃사이더 기자의
비주류 인생

나는 1987년 아사히신문사에 입사해 기자로 첫발을 뗐다. 지방 주
재 기자로 시작해 도쿄에서는 주로 문화부 소속이었다. 내가 꼭 쓰
고 싶던 기사는 일본 언더그라운드 음악에 대한 이야기였는데 신문
에는 쉽게 실을 수 없었다. 돌이켜 보면 당연한 노릇이다. 대부분의
독자는 관심이 없을 테고, 무엇보다 선배 가운데 버젓이 음악 담당
기자가 있었다.

20대를 보내던 마지막 해, 다른 회사에서 발행하는 잡지에 기획
안을 제출했다. 아사히신문사 기자가 아니라 어디서 굴러먹던 놈인
지도 모를 자유기고가 자격으로. 그때만 해도 출판계 경기가 괜찮았
는지 그 기획은 별 탈 없이 받아들여져 기사가 실렸다.

그때 아주 살짝 '어라?' 하는 느낌을 받았다. 해방감과 충만감.
내가 기획하고 취재해서 쓴 글이 내가 속한 조직의 매체에는 실리지
않는데, 다른 회사에서 발행하는 매체에는 실린다. 내용만 괜찮으면
받아들여진다.

동료들끼리 술집에 모여 앉아 "내가 쓴 기사가 실리지 않는다.
내가 좋아하는 이야기를 쓸 수 없다"라고 푸념하곤 했다. 이게 내가

아는 아사히신문사 기자들의 일반적인 스타일이었다. 그래서 자기 원고를 싣기 위해, 나아가 자기가 좋아하는 분야의 기사를 쓰기 위해 조직이나 상사, 선배 기자의 비위를 맞췄다. 밀려나지 않으려고 이리저리 약삭빠르게 움직인다. 물론 이 또한 살아가는 방식 가운데 하나이리라.

하지만 나는 그게 쉽지 않았다. 잘난 척하려고 이런 소리를 하는 게 아니다. 그냥 능력 문제였다. 주위 사람들과 협력하며 살아가는 일에 난 너무 서툴렀다. 협조 능력 제로. 하지만 글을 쓴다면 활동할 수 있는 판이 신문만은 아니다. 신문사 안에서 쓸 수 없다면 밖에서 쓰면 되지 않나? 그런 사실을 깨닫고 다른 회사 매체에 글을 쓰기 시작한 지 어언 20년이 지났다.

　글쟁이는 결국 '보따리장수'라는 사실을 뼈저리게 느꼈다. 손수 기른 채소를 등에 지고 전철에 올라 도시로 팔러 나가는 근교 농촌의 아주머니들처럼. 글쟁이 역시 마찬가지다. 아니, 똑같아야 한다. 자기 기획을 등에 지고 편집부를 찾아다니며 판다. 품질이 좋으면 팔릴 테고, 형편없으면 다시는 찾지 않는다. 그러면 끝이다.

　그 뒤로 외부 출판사를 드나들며 잡지에 실릴 원고를 청탁받기도 하고 책을 내기도 했다. 그래서 회사 동료들보다 다른 회사 편집자나 자유기고가, 프리랜서 카메라맨과 많이 사귀었다. 당연한 결과기는 하지만 글쟁이로서 그런 삶을 살다 보니 기자로는 겉돌게 되었다. 발붙일 곳이 없었다.

나는 문화부와 외신부, 잡지 편집부에서 기자로 일했다. 대개 문화부 같은 부서에는 영화나 문학, 미술, 음악, 그리고 비평 등 특정한 전문 분야가 있고 각 분야마다 전문 기자라고 불리는, 높은 식견을 지닌(또는, 지녔다고 자부하는) 기자들이 자리를 차지하고 있다. 그들이 '주류'다.

나는 어느 쪽인가 하면 늘 '게릴라'. 아무거나 닥치는 대로 하는 쪽이었다. 서쪽에서 하시모토 오사카 시장이 다니던 고등학교 교장이 선생님들의 기미가요 제창을 감시하겠다고 했다는 이야기를 들으면 달려가고, 동쪽에서 집단적 자위권이 각의에서 결정되었다고 하면 국회로 뛰어갔다. 정치부나 경제부, 사회부에서 쓸 만한 내용을 그들과 다른 시각으로 접근해 문화면에 실었다.

매일 다른 기삿거리를 찾아 다니느라 사무실에 앉아 있을 틈도 없다. 남의 전문 분야라고 해도 아랑곳 않고 양해도 구하지 않았다. 마구 남의 분야에 뛰어들어 써댔다. 전문 분야고 뭐고 없다. 잘 모르는 문제들도 급히 취재해 타이밍만 맞춰 재빨리 기사를 싣는다. 배짱과 힘으로 겨루는 승부다. 그런 일은 그럭저럭 재미있었다.

하지만 나도 어느덧 50대가 되었다. 입사 동기들은 이미 몇 해 전부터 전문 분야의 담당 기자로 자리 잡아 고상함이 어쩌니, 자비출판 시집이 어쩌니 하고 거드름 잔뜩 피우며 내려다보는 시선으로 문화 기사를 써대고 있다.

그런데 나는 올해도 또 아무 일이나 마구 해야 하는가? 날 얕보는 건가? 웃기지 마라. 이런 식으로 피해망상이랄까 편집증이랄까, 아니면 적응장애? 이렇게 모든 걸 경멸하는 마음의 병이 생겼다.

사람은 누구나 스스로를 높게 평가한다. 내가 일을 제일 잘한다. 그런데 남들은 제대로 평가해주지 않는다. 나를 그냥 함부로 부려먹고 있다. 이런 상태로 평생 몸 쓰는 일을 하다가 체력이 다하면 휙 내다버려질 것이다. 내내 다른 사람의 전문 분야를 침범하며 살아온 내게는 이제 버틸 공간이 있을 리 없다….

으음, 이렇게 쓰고 보니 스스로 생각하기에도 한심할 만큼 그릇이 작다. 알지만 별 도리 없다. 특A급으로 째째한 피해망상에 사로잡혀 그렇게 일하며 살아가는 데 넌더리가 났다. 여태 '열다섯 살의 밤'도 '졸업'하지 못했다.■ 인정한다.

이래저래 병이 깊어지던 어느 날, 불쑥 회사에 인사이동 요청을

■ 〈열다섯 살의 밤〉과 〈졸업〉은 '10대의 대변자'로 불리며 활동하다 만 26세에 세상을 떠난 일본 뮤지션 오자키 유타카의 대표곡이다.

하고 말았다. 충동적이었다. 나가사키, 고치, 미야자키… 바다가 있
는 곳이면 어디든 좋다. 도쿄에서 멀리 떨어진 시골, 홀로 근무하는
지국으로 보내줄 수 없겠느냐고 했다.

뜬금없이
농부가 되겠다니

"곤도 선배, 좀 봅시다."

문화부장이 나를 불렀다. 부장들도 이제 대부분 나보다 어리다.

"선배, 지금 장난하는 거야?"

심각한 표정으로 묻는다. 하기야 그럴 만도 하다. 부장은 내게
늘 잘해주었다. 그동안 주목받을 만한 굵직한 일들을 자유롭게 할
수 있도록 해주었다. 문화부 기자는 대부분 도쿄에 머물고 싶어 한
다. 지방으로 발령이 나면 '밀려난다'고 생각하는 기자가 대부분이
다. 그래도 나는 운 좋게 늘 도쿄에 근무했다.

그런데 내가 먼 시골에 있는 1인 지국으로 보내달라고 강력하
게 요구하고 있다. 될 수 있으면 빨리 보내달라고.

"아니, 나 진지해."

"지방에서 무슨 기사를 쓴다고?"

뭘 쓰겠다는 계획은 없다. 사실 난 가벼운 우울증이다. 하지만 그렇게 털어놓을 수는 없어서 그만 내 나쁜 버릇이 나오고 말았다. 입에서 주절주절 나오는 대로 내뱉고 만 것이다.

이른바 '얼터너티브 농부'.

"그게 뭔데?"

당연히 부장은 들어본 적 없는 단어다. 내가 방금 만들어낸 조어니까. 얼터너티브(alternative) 농부. 전업 농부는 아니라는 이야기다. 겸업 농부도 아니다. 좀 다른 형태의, 그러니까 '대안적 차원의 농부'다.

급히 만들어낸 조어라고 했지만 사실 엉겁결에 머릿속에 떠올린 말은 아니다. 미국에서 돌아와 도쿄가 불편해진 2002년쯤부터 조금씩 내 마음속에 똬리를 튼 의문이 있었다.

— 사람은 일하지 않으면 먹고살 수 없는 건가?

— 노동은 괴로워야 당연한가?

— 원래 노동은 즐거움의 원천 아니었나?

그런데 요즘 사람들 중에 노동을 기쁨으로 삼고, 자기에게 필요하다고 여기며 적극적으로 일하는 이들이 얼마나 될까? 많은 이들에게 노동이란 그저 먹고살기 위해 참고 견디는 것이지 않을까? '일이 다 그런 거지! 쉬운 일이 어디 있나!' 하는 호통이 떨어질 것 같다.

하지만 젊은이들을 일회용으로 쓰고 버리는 짓은 숫자로도 증명된다. 2013년 일본 노동기준감독 관청의 조사에 따르면 '쓰고 버리기'가 의심되는 기업 5천 여 사업장 가운데 8할이 시간 외 노동에 대한 임금을 지불하지 않고 잔업을 시키는 등의 법률 위반 행위로 적발되었다. 1개월 잔업 시간이 100시간을 넘는 사업장도 15퍼센트 가까이 되었다. 100시간이라면 '과로사 라인'▪을 넘어서는 숫자다.

2014년 일본노동조합총연합회가 남녀 3천 명을 대상으로 실시한 인터넷 조사에서는 20~30대 가운데 30퍼센트 넘는 사람들이 자기가 근무하는 회사를 '블랙기업'▪▪이라고 생각한다'고 대답했다. 내가 보기에 일본은 이미 전체적으로 '블랙화'하는 중이다.

머릿속에 맴돌던 의문이 단숨에 분노로 폭발한 것은 야나이 다

▪   과로로 인해 건강에 문제가 생기거나, 산업재해 판단을 위해 설정한 시간 외 노동 시간 기준. 2016년 일본 노동행정에서 과로사 라인은 80시간으로 정하고 있다. 한 달에 20일 출근이라면 하루 4시간 이상 잔업, 하루 총 12시간 노동인 셈이다.
▪▪   법에 어긋나는 비합리적 노동을 직원에게 강요해 노동력을 착취하는 기업. 2013년 곤노 하루키가 《블랙기업-일본을 먹어 치우는 괴물》이란 책에서 사용한 말이다.

다시*의 신문 인터뷰를 읽었을 때였다. 패션업계의 강자 유니클로의 총수이자 패스트 리테일링(유니클로의 지주회사) 회장 겸 사장이 '세계 동일 임금'이란 것을 주장했다.

유니클로는 유럽과 중국, 인도 등지에도 점포를 낸 글로벌 기업이다. 그런 유니클로가 일본에 있는 매장의 점장 급여를 중국이나 인도 같은 수준으로 만드는 '글로벌화'를 추진하겠다는 것이다.

"어느 나라에서 일하건 같은 수익을 올리는 사원은 임금도 같아야 한다는 게 기본적인 생각이다. 신흥국이나 개발도상국에도 우수한 사원이 있다. 그런데 같은 회사에서 일하면서도 나라가 다르다는 이유로 낮은 임금을 받는 일은 글로벌하게 사업을 전개하는 기업에서는 있을 수 없다."

이게 야나이의 주장이었다. 거꾸로 일본 임원의 보수는 유럽에 비해 낮다. 글로벌화가 진행되면 일본 임원의 보수 역시 오를 가능성이 있다.

"앞으로는 억대 연봉과 백만 엔대 연봉으로 나뉘고 중간층은 줄어들 것이다. 일을 통해 부가가치를 만들어내지 못하면 낮은 임금

■ 일본의 실업가. 와세다대학 경제학부를 졸업하고 소프트뱅크 사외이사를 맡고 있다. 2015년 포브스 공식 발표에 따르면 추정 자산 202억 달러, 세계 랭킹 41위(일본 1위)의 인물이다.

을 받고 일하는 개발도상국 직원의 임금과 같아지기 때문에 연봉이 백만 엔 쪽으로 기울어지는 일은 어쩔 수 없다."

일본 문학가이자 정치가 나카노 시게하루라면 이런 상황을 이렇게 표현하리라.

우리는 모욕 속에 살고 있습니다.
―《이른 봄에 부는 바람》**

유니클로 총수 야나이 회장의 발언은 솔직하다고 해야 할지, 아무 생각 없다고 해야 할지 모르겠다. 지나칠 정도로 거리낌 없어 자칫 호감을 느낄 수도 있겠지만, 역사에서 아무것도 배우지 못한 이 무지함이 자산 1조 엔을 넘는다는 세계적인 갑부의 정체다.

임금은 노동력의 대가다. 노동자는 그 돈으로 먹고 쉬고 자며, 때론 영화라도 보고 기분 전환을 해야 다음 날도 건강하게 일할 수 있다. 노동자가 노동력을 재생산하기 위해 '등가교환'(사실은 '등가'가 아니지만 일단 그냥 넘어가기로 한다)으로 지불되어야 하는 대가인 것이다.

그렇기에 그 대가는 역사적·문화적 요소를 감안해 결정한다.

■ 나카노 시게하루가 쓴 시집의 제목이자 단편소설의 제목. 여기 인용한 문장은 단편소설에 나오는 문장이다.

쉽게 말하자면 그때그때의 물가 수준에 맞게 결정된다. 당연한 일이다. 무슨 물건을 사더라도 인도와 일본은 물가 수준이 전혀 다르다. 임금은 노동자와 자본가가 때로는 피 흘리는 희생을 치르며 오랜 세월에 걸쳐 정해온, 이른바 역사 유산이다.

'세계화'는 이제 마법의 단어가 되었다. "그야 그게 세계화니까"라는 말은 어떤 상황이건 판을 엎어버릴 수 있다. 속임수마저 정당화되는 마법의 단어. 인도와 일본은 물가 수준이 전혀 다른데 급여는 인도 노동자 수준으로 맞추겠다고 한다. "그야 그게 세계화니까". 그리고 유럽의 '주주 주권론'을 흉내 낸 회사관에 기초해 경영자의 급여는 유럽 못지않게 끌어올리겠단다. "그야 그게 세계화니까".

'헤엄치지 못하는 사람은 가라앉으면 그만'

나는 1963년 도쿄 시부야에서 태어났다. 대학을 마칠 때까지 도쿄에서 살았고, 졸업한 뒤 신문사에 들어가서도 가와사키와 우쓰노미야 같은 수도권에서 근무했다.

1999년에 뉴욕으로 건너가 잠시 지내기도 했지만 그 기간을 제

외하면 늘 도쿄에서 살았다.

뉴욕에는 신문사 특파원으로 파견되어 갔는데, 거기서 9 · 11 테러를 겪었다. 나중에 다시 이야기할 테지만 그 사건을 가까이에서 접한 영향은 무척 컸다. 일본으로 돌아와 미국에 대한 책만 해도 네 권을 냈다. 그밖에 일본 언더그라운드 음악에 대한 책을 썼으며 경제 관련 대담을 실은 책도 냈다.

옆에서 보기에는 '뭐하는 놈이야?' 할 만큼 초점이 맞지 않는 글쟁이 인생을 30년이나 살아왔다. 하지만 나로서는 음악에 대해 쓰건 문학에 대해 말하건, 미국 문제나 정치, 경제 이야기를 쓰건 초점은 또렷했다. 늘 같은 문제에 대해 이야기했다고 생각한다. 이 문제는 앞으로 차츰 밝히겠다.

내가 뉴욕에서 도쿄로 돌아온 때는 2002년이었다. 상황이 변했다는 게 바로 이런 걸까? 이 무렵 나는 도쿄가 너무 살기 힘든 도시로 느껴졌다. 숨이 막혔다. 전철 같은 것을 타면 왠지 답답해졌다. 게다가 전철이 자주 멈췄다. 인신사고다. "또야?"라며 혀를 차는 승객들이 늘었다. 자살한 사람, 자살을 하려고 했지만 뜻을 이루지 못한 사람. 그런 사람들의 얼굴을 상상할 수 없기 때문이다. 다들 그럴 여유가 없다. 일본 사회는 이 무렵에 분수령을 넘은 게 아니었을까?

2000년대는 비정규직이라는 노동 형태가 일반화된 시대다. 비정규직 사원의 비율은 2012년에 35퍼센트에 이르렀다. 평균 연간 수입은 1997년에 467만 엔이었지만, 그 뒤로 떨어지기 시작해 2011년에는 평균 409만 엔을 기록했다. 연간 수입이 200만 엔 이하인 사람이 1천만 명을 넘어선 지는 더 오래되었다.

이런 시대에 자산 1조 엔이 넘는 세계적인 대부호 야나이 회장이 그런 발언을 했다. 아니, 아니다. 내가 사회정의 같은 이념에 사로잡혀 '이따위 불평등은 용서할 수 없다'고 비분강개하는 게 아니다. 내 입으로 이런 소리를 하기는 뭐하지만 나는 아주 이기적인 인간이다. '이런 불평등은 용서할 수 없다'가 아니라 '이런 불평등이 허용된다면 사회는 유지되지 않을 것이다'라는 생각이 강하게 들었다.

안타깝게도 인간은 무리를 이루지 않으면 살아갈 수 없는 생물이다. 집단을 만들지 않으면, '사회'를 이루지 않으면 살아남을 수 없다. 뒤집어 말하면, 원래 사람들 사이에 '사회'라는 게 없었다는 말이기도 하다. 그렇게 하지 않으면 살아갈 수 없기 때문에 아득한 옛날 인간들은 '사회'라는 걸 만듭시다, 하는 암묵적 '계약'을 맺은 것이다.

어떤 의미에서는 어쩔 수 없이 맺은 계약이다. 그러니 제약을 적게 두어 구성원들이 불편하지 않게 살 수 있도록 해야만 한다. 자유가 중요하다. 그리고 한편으로는 사회에서 뒤처지거나 밀려나는 사람이 없도록 최대한 배려해야 한다. 그러지 않으면 집단은 유지되지 않는다. 공평함, 공정성도 중요하다. 환자나 노인 같은 약자를 신경 써야 하는 까닭은 도덕 때문이 아니다. 그렇게 하지 않으면 사회가 유지되지 않아서다. 사회는 무너지지 않도록 섬세하게 다뤄야 한다. 사회란 조심스럽게 취급해야 할 그릇이다.

일본을 대표하는 경영자 야나이 회장의 발언이 그래서는 '사회'가 도저히 유지되지 않으리라. 지금 노동 시장은 돈을 지불하는 '갑'이 완전히 지배하는 상황이다. 노동에 대한 값어치가 터무니없이 깎이는 노동자 입장에서는 분노가 부글부글 끓어오를 텐데….

하지만 어느 측면에서는 그렇지도 않은 모양이다. 야나이 회장이 그런 발언으로 비난받았는가 하면 그렇지도 않다. 오히려 잡지에 실리는 '비즈니스맨들이 꼽은 현대 최고 경영자' 순위 같은 데서 늘 상위권을 차지한다. "헤엄치지 못하는 사람은 가라앉으면 그만이다"라는 소리가 입버릇이라는 글로벌 기업의 수장을 대단한 경영자라고 추어올린다.

그렇다면 이건 내 문제가 아닌가? 그런 생각이 들기 시작했다. 내가 세상의 흐름을 따라가지 못하고 있다. 내 생각이 세상과 유리된 것은 결코 이제 막 시작된 일이 아니다. 그런데 그 괴리가 너무 커졌다. 답답하다. 머리가 아프다. 아무리 마음에 들지 않아도 세상을 바꿀 수는 없다. 남을 바꿀 수도 없다. 내가 바뀌는 수밖에. 이럴 때 특효약이 있다. 판을 옮기는 거다.

"머리가 너무 아파서요." 알베르 자작이 말했다.

"자작, 그렇다면" 하고 몬테크리스토가 말했다.

"그럴 때 확실하게 듣는 치료약을 추천하죠."

"그게 뭐죠?"

알베르가 물었다.

"자리를 옮기는 겁니다."

(중략)

"공기 맑고, 소음 없는 곳. 아무리 거만한 사람이라도 스스로가 보잘 것 없게 느껴지는 곳으로 옮긴다는 거죠."

— 알렉상드르 뒤마(Alexandre Dumas), 《몬테크리스토 백작》

이사를 간다. 그것도 될 수 있으면 멀리. 안 좋은 뉴스가 결코 닿지 않을 곳으로 한동안 몸을 숨긴다. 남을 바꿀 수는 없다. 나를 바꿀 수 있을 뿐. 취재를 통해서도 배웠다.

나이는 나보다 적지만 존경하는 가난한 이들의 별, 스트리트 게릴라의 선구자이자 고엔지 논단을 이끄는 오피니언 리더 마쓰모토 하지메다. 그는 고엔지에 있는 고물상 시로토노란을 운영한다.

자랑은 아니지만 이 사람을 처음으로 진지하게 다룬 첫 번째 신문기사는 내가 썼다. 마쓰모토는 오피니언 리더처럼 언론이 띄우기도 하지만, 적어도 내가 취재할 때는 주변 사람들을 내려다보며 이야기한다는 느낌이 든 적은 한 번도 없다.

일관되게 주장하는 내용은 '각자 자기 뜻대로 사는 것'. 그래서 사회 양극화, 즉 격차 사회는 문제라는 논조로 흐르지 않았다. 왜냐하면 그건 '뒤처진 사람들이 노력해서 경제적인 강자가 돼라'는 목소리가 전제되기 때문이다. 그런 삶은 싫다는 이야기다.

"이렇게 하면 더 나은 사회를 만들 수 있다는 선동 따위는 믿지 않는다. 북한이나 옛 소련도 '이런 노동자의 유토피아가 있다'는 청사진을 보여주었지만 지금과 같은 상태가 되지 않았는가. 내가 하고 싶은 말은 우선 각자가 내키는 대로 재미있게 살 수 있는 사회를 만들자는 것이다. 지금의 사회를 그런 사회로 바꾸고 싶다. 회사에서 기를 쓰고 생존 경쟁을 벌이고, 주택 대출을 갚느라 허덕이며 대량으로 소비되다가 그렇게 죽어가는 사회와 우리가 만들려는 사회. 어느 쪽이 더 재미있겠는가?"

마쓰모토는 고물상 앞에서 이렇게 말했다. 그가 학창 시절에 하던 일의 연장 같은 경쾌함이 느껴져 기분이 좋았다. 나는 이 활동가의 말에서 중요한 진리의 냄새를 맡고 말았다.

앞으로 다가올 유토피아를 말하는 자는 틀림없이 그 세계의 독재자다.

— 한나 아렌트(Hannah Arendt)

'이상적인 사회' 같은 소리 하지 마라. '혁명' 따위 개나 줘버려라. 사회나 세상이 아니라 나 스스로를 바꾸자. 혁명을 해야 한다면 사회가 아니다. 자기 자신을 혁명해야 한다.

자본주의라는 게임의 룰은
이미 바뀌었다

내친김에 내가 왜 바뀌어야 했는지, 그 이유도 조금 설명하겠다. 물론 내 이야기를 내 입으로 하다 보면 스스로 유리하게 말할 테고, 또 자기 연민도 끼어들게 될 테니 미리 양해를 구한다.

우선 지금의 노동 환경부터 짚어보자. 내내 정규직으로 일하던 이들이 일자리를 빼앗기고 비정규직으로 내몰리고 있다고 막연하게 생각하는 사람이 많다. 하지만 이건 오해다. 1980년대에 정규직 노동자는 약 3,400만 명이었는데 이 숫자는 지금도 크게 달라지지 않았다.

비정규직의 비율이 커지는 이유는 단순히 비정규직 노동자 수가 늘었기 때문이다. 여성과 고령자들이 일하기 시작한 것이 그 이유다. 격차가 벌어지고 있다고는 하지만 일본은 미국이나 중국 같은 나라에 비하면 아직 괜찮은 편이다. 그나마 낫다.

그러면 지금 일본을 뒤덮은, 앞날이 안 보인다는 느낌은 실체가 없다는 소리인가? 쓸데없는 걱정인가? 아니다. 이 꽉 막힌 느낌은 미국 빈곤층이나 중국 산골 농부와 비교해서 느끼는 게 아니다. 가장 가까운 곳에 있는 사람, 구체적으로 예를 들면 자기 부모와 비교해 절실하게 느끼는 감정이다.

젊은 시절에는 고생도 하고 낮은 임금을 받으며 버티지만, 언젠가 결혼해 아들딸 낳고 키우며 융자를 끼고 집을 산다. 그리고 정년퇴직 때까지 회사에 다니다가 퇴직금으로 융자금을 갚고 연금을 받으며 생활한다. 부모 세대는 당연하게 그릴 수 있던 이런 미래 설계를 요즘 어떤 젊은이가 그릴 수 있다는 말인가?

게임의 룰이 바뀌었다. 일본이나 유럽 같은 선진국이 우리 부모 세대까지 지속적인 경제성장을 해올 수 있었던 까닭은 거칠고 단순하게 정리하자면 아시아, 아프리카, 중동의 후진국을 수탈했기 때문이다.

선진국은 거대 석유 자본이 공급하는 에너지를 싼값에 사서 철강에서부터 선박, 자동차, 가전제품, 그리고 컴퓨터까지 만들어 변방의 후진국에 판다. 아주 단순하지만 현대 자본주의는 이런 간단한 메커니즘으로 움직여왔다.

흔히들 이런 오해를 한다. 과거 일본인은 부지런했으며, 혼다나 파나소닉 같은 기업의 전설적인 일본 경영자들은 매우 뛰어났고, 그래서 경제성장이 가능했다고. 아니다. 예나 지금이나 사람들은 부지런하고, 예나 지금이나 자본가는 탐욕스러우며, 경영자는 대체로 유능하지 않다. 그런데 제2차 세계대전이 끝난 뒤 오일쇼크까지의 자본주의가 누린 값싼 원자재, 넓은 변방은 이제 사라졌다.

지금 진행되고 있는 세계화는 이런 규칙이 근본적으로 바뀌었다는 뜻이다. 인도나 중국, 브라질도 이제 단순히 자원을 내놓고 제품을 사가는 변방이 아니다. 스스로 천연자원을 소비하고 공업 제품을 만들어 판다. 선진국 못지않은 풍족한 삶을 누리기 시작했다.

앞날이 안 보이는 느낌이 드는 큰 이유는 그뿐만이 아니다. 요즘 사람들에게 경쟁 상대는 신흥국만이 아니다. 기계도 있다. 에릭 브린욜프슨과 앤드루 매카피가 함께 지은 《기계와의 경쟁》은 등골 오싹해지는 현실을 이야기한다.

현재 컴퓨터는 패턴 인식이나 언어 등 지금까지 기계가 잘 못하는 걸로 알려졌던 분야에서도 능력이 크게 개선되었다. 구글은 기계를 이용한 자동 운전 자동차로 북미 대륙을 1,600킬로미터나 달렸다. 퀴즈 프로그램에서는 단순한 암기력 테스트뿐 아니라 복잡하고 모호한 질문을 포함한 문제에서도 컴퓨터가 인간 퀴즈왕을 압도적으로 이겼다.

산업혁명 때 영국에서는 직물 공장 같은 곳에 들인 기계가 노동자의 일자리를 빼앗는다며 직공들이 기계를 파괴하는 러다이트 운동이 일어났다. 위정자는 이때 파괴 활동에 가담한 사람에게 극형을 내렸다.

기계가 인간을 불행하게 만든 원흉이라는 소리는 유치한 논리다. 사실 기계 덕분에 인류는 적어도 물질적으로는 놀라우리만치 풍족해졌다. 기계 때문에 일자리가 없어지지는 않는다. 오히려 기계로 대체할 수 없는 보다 인간적인 일자리들이 새로 생겨난다.

하지만 중요한 사실은 새 일자리가 생겨나기까지 시간이 꽤 걸린다는 점이다. 반면 컴퓨터의 연산 처리 속도는 천천히 증가하지 않는다. 지수함수적으로 그 능력이 향상된다. 말하자면 '인간적인 새 일자리'가 생기는 속도가 기계의 능력 향상 속도를 따라가지 못한다는 이야기다. 일본뿐 아니라 세계적으로 실업자가 넘쳐난다. 일자리가 사라지고 있다. '인간이 기계와의 경쟁에서 밀려나고 있는 것'이다.

기계가 일자리를 계속 빼앗는다. 《기계와의 경쟁》은 냉혹하게도 아이디어를 내는 경영자나 작가, 작곡가 같은 창조적인 직업, 또는 접객업 같은 일부 육체노동만 남게 될 것이라고 예언한다. 기자도 예외는 아니다. 스포츠 기사처럼 데이터를 중심으로 어느 정도 틀이 있는 분야는 이미 기계가 쓰는 기사들이 상당 수준에 올랐다고 한다. 기계라서 사람처럼 깜빡 실수하는 일도 없다. 경영자에게 이처럼 매력적인 '기자'가 어디 있겠는가?

결국 우리의 경쟁 상대는 신흥국에 있는 임금이 싼 노동자뿐 아니라 능력은 계속 커지면서도 월급을 받지 않는 노동자, 즉 기계도 있다.

상황이 이러하니 야나이 유니클로 회장 같은 사람이 "일을 통해 부가가치를 만들어내지 못하면 연봉 100만 엔으로 밀려나는 건 어쩔 수 없다"라는 소리를 해대는 것이다. 미래 예측이라고 해야 하나, 협박이라고 해야 하나. 아니면 상대의 약점을 간파한 발언이라고나 할까? 자본은 지금 여유만만하다.

농사를 지으면 굶어 죽을 일은 없으니까

그러면 어떻게 해야 할까? 이토록 세계화된 경영자에게 "예예, 알겠습니다" 하며 스스로 부가가치를 높이기 위해 우리끼리 하는 회의마저 영어로 진행하는 것 같은 빤한 짓거리에 낄 것인가? 아니면 연봉 백만 엔을 감수하며 몸뚱이가 부서지도록 일을 해야 하나? 우리가 살아남을 길은 이런 방법밖에 없지 않은가?

아니다. 분명 다른 길이 있을 것이다. 자본이 숨기고 있을 뿐이다. 선택할 수 있는 길이 그것밖에 없는 것처럼 보일 뿐이다. 근거는 없지만 이런 직감이 들었다.

나는 30년 가까이 신문사에 몸을 담고 잡지나 단행본 출판을 통해 수입을 얻는 필자 생활을 해왔다. 이 일을 오래 해왔지만 싫증이 나지 않는다. 오히려 날이 갈수록 재미있어진다. 하고 싶은 일들이 매년 명확해진다. 일할 맛이 나는 일이라고 확신한다.

하지만 글쟁이들이 할 수 있는 일도 점점 줄어든다. 인터넷 때문이다. 요즘은 신문이나 잡지를 읽으며 정기적으로 책을 사는 젊은 세대를 찾아보기 힘들다. 활자를 읽지 않고 자라난 사람이 대다수가 되면 신문업이나 출판업이 지금 같은 규모를 유지할 수 없을 것이다. 만화나 음악, 영화 같은 문화 상품도 크게 다를 바 없다. 이제 곧 세상은 창작물에 대가를 지불하는 습관이 없는 사람들로 메워질 것이다.

그렇게 되었을 때, 뮤지션은 음악 만드는 일을 그만두게 될까? 작가는 글 쓰는 일을, 화가는 그림 그리는 일을 그만두어야 할까? 그만두는 사람도 많을 것이다. 하지만 그건 어디까지나 '케이스 바이 케이스'다. 쓰지 않으면, 노래하지 않으면, 그리지 않으면 살 수 없는 사람이 진짜 아티스트다. 적어도 나는 그런 아티스트의 창작물이 아니면 필요 없다.

그리고 주제넘은 소리겠지만 내게는 글 쓰는 일이 어느새 돈 문제를 뛰어넘은 일이 되었다. 돈 한 푼 벌지 못하면 물론 곤란하지만, 돈이 되지 않으니 그만두겠다고 할 일은 아마 없을 것이다. 글 쓰는 일은 이제 내 삶이 되었으니까.

이런저런 생각을 하던 중에 음악가이자 사회 활동가 미야케 요헤이를 만났다. 2013년 참의원 선거에 녹색당 비례대표로 출마한, 정치계에서는 그야말로 초짜인 밴드 출신 후보인데 '선거 페스티벌'이라고 해서 선거와 음악 페스티벌을 결합한 선거운동을 펼쳐 젊은 이들로부터 큰 인기를 모았다. 무려 17만 표나 얻었지만 안타깝게 2위에 그쳐 낙선하고 말았다.

그런 선거 페스티벌을 기자로서 계속 취재하면서 미야케를 만나 이야기를 들었다. 그가 선거 기간 중에 내세운 주장은 이 책 내용과 직접 관계가 없으니 생략하겠다. 내가 감명을 받은 점은 '문을 열어두고 있다'는 그의 태도였다.

탈원전이 그의 중요한 주장이었기 때문에 당연히 날카로운 비판의 칼끝은 기성 정당이나 나 같은 언론사 기자, 광고회사, 대기업을 향했다. 하지만 미야케는 '거기서 일하는 사람들은 다 적이라고 생각하지 않는다. 나와 똑같은 사람들이다'라는 태도를 취했다.

적을 많이 만들어 좋을 일은 없다. 배타적이어서는 안 된다. 서로를 이해할 수 있는 가능성은 누구에게나 있다. 문을 늘 열어둔다. 그가 그런 태도를 보일 수 있는 것은 오키나와에 생활 기반이 있어 먹고사는 일에 걱정이 없기 때문이라고 느꼈다.

"농사를 지으면 굶어 죽을 일은 없다."

미야케는 선거 페스티벌 때 이 말을 자주 했다. 나도 이때 어떤 깨달음이 왔다.

현재 나는 신문사에서 근무하는 회사원이지만 신문은 이미 사양 산업이다. 언제까지 계속할 수 있을지 모르겠다. 게다가 기업은 문제가 생기면 경영 기반이 크게 흔들린다. 기업 풍토마저 변하기도 한다(실제로 반년 뒤에 아사히신문에는 큰 태풍이 몰아치는데, 그 이야기는 나중에 하겠다). 기자도 어차피 회사원이라 인사이동이 자주 있다.

만약 신문사가 망하면 어떻게 할 건가? 망하지는 않더라도 자유롭게 글을 쓸 수 없는 환경이 되면 어떻게 할 텐가? 글을 쓰는 부서에서 다른 부서로 발령이 난다면 어떻게 하지? 글쓰기를 그만둘 텐가?

다른 회사에서 나오는 잡지나 책도 마찬가지다. 기획하고 취재해서 쓴 '기사'는 더 이상 돈을 지불하고 읽는 글이 아니다. 앞으로 '기사'라고 하면 인터넷에서 아마추어가 이리저리 짜깁기한 2차 정보, 또는 광고를 내는 기업이 운영자에게 쓰게 만든 광고나 마찬가지인 블로그나 트위터의 글만 남을지도 모른다. 그렇게 되었을 때 어떻게 할 것인가? 스스로에게 묻지 않는 날이 없었다.

그러다 문득 머릿속에 떠오른 것이 '얼터너티브 농부' 계획이었다. 노사카 아키유키*의 오래된 소노시트(sonosheet)**를 듣던 순간이었다.

험한 세상이지

무서운 세상이야

믿을 건 오직 쌀뿐

소년소녀여 살아남아라

쌀을 믿고 살아남아라

　－〈살아남아라, 소년소녀여〉

글쓰기를 포기하지 말라. 글을 써서 먹고살며 살아남아라.

■　작가 겸 가수, 탤런트, 정치가. 농업의 중요성을 주장하며 벼농사를 짓기도 했다. 작가로
서는 나오키 상을 수상했으며 정치가로서는 참의원 선거에서 비례대표로 당선되기도 했다.
■ ■　1958년 프랑스에서 개발한 아주 얇은 레코드판.

2. 하루 한 시간만 일하는 삶

매일 아침 한 시간씩 벼농사를 짓는다.
나머지 시간은 글쓰기에 몰두한다.

내게 가장 중요한 일은 글쟁이로 사는 것.

하고 싶은 일, 하지 않으면 죽을 것 같은
이 일에 몰두하려면 최소한의 식량이 필요하다.

벼농사를 지으면 굶어 죽을 일은 없다.
흰쌀밥을 이제 내 손으로 마련하겠다.
될 수 있으면 '최소한'의 시간과 노력을 들여서.
생활의 중심은 어디까지나 글쓰기.

그게 바로 얼터너티브 농부다.

하루 딱 한 시간만
농사를 짓는다

"뭐? 얼터너티브 농부?"

의아해하는 문화부장을 이해시키려고 계속 떠벌렸다. 일단 밀어붙이고 보자. 먼저 그 이름의 의미부터 따져보도록 하겠다.

얼터너티브 농부란 얼터너티브 록에서 따왔는데, 내가 만든 말이다. 다들 알다시피 '얼터너티브(alternative)'는 '또 다른', '메인 스트림과는 다른'이라는 뜻이다. 얼터너티브에 속한 이는 우연히 변두리나 경계에 있을 뿐, 그 자체에 의미를 둔다거나 변두리에 있으려고 굳이 애를 쓰지 않는다. 말하자면 변두리에 있어도 크게 신경 쓰지 않는 것이다.

나는 1990년대 후반에 일본 얼터너티브 뮤직에 완전히 빠졌다. 한 해에 라이브하우스 공연을 300회쯤 찾아다녔다. 내 이름을 단

첫 책인《리얼 록》까지 펴내고 말았다. 그리고 깨달았다. 이건 음악에만 한정된 이야기가 아니지 않은가?

영화나 문학, 미술에서도 어느 시대에나 '주류'에 대한 '변두리'는 존재했다. 그리고 새로운 발상과 재미있는 표현은 항상 그런 변두리, 경계, 얼터너티브에 있는 사람으로부터 나왔다. 비틀즈도, 롤링스톤스도 시작은 얼터너티브였다.

일상생활이나 인생 자체도 마찬가지 아닐까? 여태 '이게 일반적'이라거나 '이게 바로 행복' 혹은 '이게 인간적'이라고 여겨온 가치관, 아니 그렇게 믿도록 세뇌했던 가치관은 사실 유일하거나 절대적이지 않다. 늘 또 다른 가치가 있고, 또 그걸 실천해온 트릭스터(trickster)▪들이 있었다. 그래서 얼터너티브 농부를 떠올린 것이다.

다시 한 번 말하지만, 전업 농부가 아니다. 대규모 경영으로 농사만 짓는 삶을 추구하려는 것도 물론 아니다. 그렇다고 요즘 유행하듯 월급쟁이 생활에서 탈출해 유기농, 무농약 채소를 재배하겠다는 생각도 없다. 도시의 입맛 까다로운 소비자에게 아주 비싼 값으로 유기농 채소를 파는 전문가가 되겠다는 게 아니다. 농사만 지어 먹고

▪ '질서 교란자' 또는 '규범 파괴자'라는 반사회적 존재인 동시에, 외부의 것을 받아들이는 '문화 수용자'라는 뜻도 가지고 있다.

살 생각은 더더군다나 없다.

오히려 내게 가장 중요한 것은 글쟁이라는 직업을 유지하는 것이다. 어떤 사람들은 '한 번뿐인 인생을 그 일에 모두 던져 넣겠다, 내 목숨을 걸고 스스로를 창조하며 가능성을 펼쳐나가겠다'고 결정한 일에 평생 매달린다. 그렇게 매달리면서도 굶어 죽지 않기 위해 최소한 생활할 수 있는 양식, 말하자면 '군량미'를 손수 마련한다. 될 수 있으면 최소한의 시간과 노력을 들여서. 그게 얼터너티브 농부다.

정직원이라는 자리에 매달려, 아무 의욕도 의미도 없는 일을 하며 건강도 삶의 기쁨도 잃어간다. 너무 바쁘고 지쳐서 평소 좋아하던 영화나 책을 즐길 여유도 없다. 피곤한 몸으로 퇴근해 집에서 보는 것이라고는 텔레비전과 스마트폰뿐. 왜 이렇게 살까? 결국 굶어 죽는 게 무서워서 아닐까? 뒤집어 말하면, 굶어 죽지만 않으면 되는 거 아닌가? 사람은 쌀만 있으면 어지간해서는 굶어 죽지 않는다.

시대가 다르긴 하지만 나는 텔레비전도 없는 아주 가난한 집에서 자랐다. 노름꾼인 못난 아버지는 입버릇처럼 이렇게 말했다.

"흰쌀밥에 소금만 있으면 진수성찬이지."

아버지와는 반평생 서로 미워하며 살게 되는데, 그건 그렇고 이렇게 정색을 하고 말하는 모습은 싫지 않았다. 흰쌀밥에 소금만 있으면 진수성찬. 나쓰메 소세키의 《갱부》를 읽어보면 알 수 있다. 메이지시대에 살던 육체노동자는 설날에나 흰쌀밥을 먹었다.

그 흰쌀밥을 이제 내 손으로 마련하겠다. 아무리 인기 없는 글쟁이라고 해도 반찬과 맥주 값은 '본업'인 글쓰기로 벌자. 좋아하는 일을 하면서도 굶어 죽지 않기 위한 최저선, 생활 방위 사수선. 그게 쌀밥이다.

생활의 중심은 어디까지나 글쓰기다. 내가 하고 싶은 일, 이걸 하지 않으면 죽을 것 같은 본업은 지킨다. 그리고 이른 아침 딱 한 시간만 생활 방위 사수선, 즉 논에서 일한다. 이렇게 하면 남자 한 명이 1년 동안 먹을 쌀은 확보할 수 있지 않을까?

농사를 짓고 싶다는 게 아니다. 환경보호니 로하스*니 슬로우 라이프니 하는 것과도 아무런 관계가 없다. 블랙화하는 이 사회에서 무너지지 않고 어떻게든 살아가겠다, 살아갈 수 있다, 그런 선택 가능한 길을 보여주고 싶다. 말하자면 내 몸뚱이를 가지고 실험을 하고 싶은 것이다! 부장에게 이런 내용으로 떠들어댔다.

■ LOHAS(Lifestyle of Health and Sustainability), 건강과 환경을 배려한 생활.

"그렇지만 그건 곤도 선배니까 가능한, 그러니까 신문기자가 체험 취재로 하니까 가능한 특권 아닌가?"

"그건 아니지. 자기가 진짜 하고 싶은 일을 위해 아침 한 시간도 낼 수 없다면, 그건 자기 인생에 게으른 거야."

"흠… 그럼 농사는 어떻게 짓고? 농기구는?"

"그러니까 그걸 어떻게 조달할지 실험하는 거지."

"기자 일도 하면서?"

"당연하지. 아침 한 시간 외에는 여느 때와 마찬가지로 신문기자야. 사건 취재도 하고 관공서 취재도 하고 선거 취재도 하고. 다른 지방 주재 기자하고 똑같이."

글쓰기에만 몰두하는 삶을 위하여

처음에는 반신반의 아니, 전혀 믿지 않던 부장도 차츰 말투가 바뀌었다.

"흐음… 재미있을 것 같기는 하네. 자신 있어, 선배?"

"그럼 있지."

75

거짓말이다. 그런 게 있을 리 없다. 나는 도쿄 시부야에서 나고 자랐다. 흙장난도 해본 적 없고, 하고 싶다고 생각해본 적도 없다. 아버지나 할아버지도 마찬가지로 시부야 출신. 그 흔한 초등학교 체험 수업 때도 논에 들어가본 적이 없다.

"그렇게까지 말씀하신다면 나도 진지하게 움직여볼까, 선배?"

부장은 그렇게 말하며 자리에서 일어섰다. 봄날의 악몽이 시작되는 순간이었다. 사람들은 때로 자신을 지나치게 과대평가하는 우를 범한다.

부장과 면담한 게 2013년이 저물어가던 연말이었다. 말은 그렇게 했지만 그때는 설마 진짜 인사 발령이 날 거라고는 생각도 못했다. 내가 누군데? 나 곤도 고타로야.

"도쿄 본사에서 선배를 놔줄 리 없지. 뻔히 알면서…. 선배, 대체 뭐가 틀어진 거야? 무슨 불만이 있는 거야?"

솔직히 이런 반응을 보이며 없었던 이야기로 흐지부지될 거라 믿었다. 피둥피둥 살이 오른 자의식. 이렇게 쓰고 있는 지금도 좀 우울하지만 사실이니 어쩔 도리가 없다. 물론 내가 좀 심하기는 해도, 조직에 속한 사람은 어느 정도 인정받고 싶은 욕망에 사로잡혀 있기 마련이다.

해가 바뀌고 얼마 지나지 않아 주변이 술렁거리기 시작했다. "소문 들었는데…"라며 말을 거는 동료도 있었다. 곧 부장이 전화를 주었다.

"곤도 선배. 지난번 그 이야기 말이야, 잘 풀릴 것 같아. 선배가 바라는 쪽으로 진행될 가능성이 커. 그러니 좀 더 자세한 기획서를 만들어줘."

뭐? 정말이야? 농담도 통하지 않는 건가? 내가 농사꾼이 돼? 그게 가능할 리 없잖아?

하지만 사람 일이란 한번 흐름을 타면 걷잡을 수 없다. 결국 1월 초순에 나가사키 현 이사하야 지국으로 발령이 날 예정이라는 소문이 돌았다.

내가 근무하는 신문사는 도쿄도와 교토부, 오사카부, 홋카이도를 비롯해 각 현청 소재지에 '총국'이 있고, 총국장 아래 데스크와 젊은 기자를 중심으로 열 명 전후의 기자가 근무한다. 내가 부임할 곳은 '지국'. 현청 소재지가 아니다. 예전에는 통신국이라고 불렸는데, 그야말로 경찰서의 지서나 마찬가지다. 단독주택에 나이 든 기자와 가족이 함께 살며, 기자가 취재하러 밖에 나가면 아내가 전화를 받기도 한다. 온 가족이 함께 일한다.

다 글렀다. 이제 와서 "사실 농담이었어"라고 할 수도 없다. 물러설 곳이 없다. 이제 나는 벼농사를 지어야만 한다. 농사짓지 않는 땅이 전국적으로 늘고 있다니 그런 땅을 빌리면 되지 않겠어? 뭐, 일단 이렇게 가볍게 생각했다.

　무지하다는 건 무서운 일이다. 도시에는 시골 한적한 곳에 가서 살려는 사람을 모집하는 빈집 정보 사이트가 있다. 그렇지만 '전국 경작 포기 농지 정보' 같은 사이트는 어디에도 없다. 농사를 물려받을 사람이 없어 고민하는 농가와 도시 주민을 잇는 사이트 같은 게 있다는 이야기는 들어본 적 없다. 농사를 짓지 못하는 땅 때문에 고민하는 농부는 당연히 지방에 산다. 나이가 많은 분들이다. 노는 땅이 있어 경작할 사람을 구한다는 사이트를 이분들이 만들 수야 없지 않겠나.

　노는 땅이라고 어디든 상관없다는 것은 아니다. 나는 회사 명령을 받아 이사하야 지국에 부임한다. 얼터너티브 농부가 되겠다는 목적은, 글을 쓰면서 아침 한 시간만 노동해 내가 1년간 먹고살 주식인 쌀을 얻겠다는 것이다. 어디까지나 글쓰기가 '주'이고 농사는 '종'이다. 신문사 지국에서 자동차로 반나절 달려가야 나오는 논을 얻어 오갈 수는 없는 노릇이다.

농사지을 땅은
어디서 구하지?

이사하야는 완전히 낯선 곳이다. 규슈 쪽으로 출장을 가거나 여행 때 들른 적은 있어도 오래 머문 적은 없다. 하물며 이사하야는 방문한 적도 없고 스쳐 지난 적도 없다. 나는 그런 낯선 곳에 무턱대고 가서, 지국 가까이에 있는 노는 땅을 찾아낸 다음, 농사 초짜인 도시 사람에게 농사짓는 법을 기본부터 가르쳐줄 사람을 찾아내야 한다⋯. 아주 뻔뻔하고 이기적인 미션이다.

그뿐만 아니다. 더 중요한 문제가 있다. 이건 나중에 알게 된 사실이지만, 작은 논을 빌려 내가 먹고살 만큼만 경작한다는 내 계획 자체가 한없이 '불법'에 가까운 행위였던 것. 여러 사람 앞에서 큰소리로 떠들 일이 아닌 것이다.

이 나라에는 어엿하게 농지법이라는 게 있다. 좁은 국토로 많은 인구가 먹고살려면 농지를 효율적으로 이용해야 한다. 그러려면 농가가 안정되도록 해야 한다는 취지에서 제정된 법이 농지법이다. 이 법률에 따르면 농지를 사고팔거나 빌리고 빌려줄 때는 자치단체의 농업위원회, 또는 지방정부의 허가가 필요하다. 마음대로 빌려주거나 빌려서는 안 된다.

그리고 농업위원회가 허락하지 않는 기준도 원칙적으로 정해져 있다. 농지를 작게 나누어 사고팔거나 임대할 수 없다. 최소한 50아르(1,500평)■, 즉 미국 풋볼 경기장보다 약간 작은 정도의 넓이여야 한다. 1,500평이나 되는 그런 논을 어떻게 하루 한 시간만 내서 경작할 수 있단 말인가. 정공법으로는 도저히 불가능하다.

그 전에 '경작 포기 농지'란 무엇인지부터 알아야 한다. 정확하게 말하면 '경작 포기 농지를 비롯한 유휴 농지'다. 과거 1년 이상 농작물을 재배하지 않았으며 또 여러 해 경작할 확실한 계획이 없는 땅을 말한다.

1975년에 경작 포기 농지는 13만 1,000헥타르■■였는데, 2005년에는 38만 6,000헥타르로 세 배가 되었다. 사이타마 현 전체 면적보다 더 넓다. 게다가 경작 포기 농지는 해마다 늘어난다.

왜 이렇게 농지가 방치되어 있는 걸까? 고령화와 노동력 부족이 첫 번째 이유고, 그 다음이 낮은 농산물 가격 때문이다. 원래 쌀과 보리 같은 농작물은 생산량을 모두 정부가 사들여 수출입을 통제하고 관리하던 특수한 상품이었다. 전쟁이 한창이던 1942년에

■ 1아르는 100평방미터, 약 30평.
■ ■ 1헥타르는 100아르.

그러한 식량관리법이 제정되었다. 전쟁 때문에 식량 사정이 나빠진 상황에서 쌀은 나라가 배급 제도를 통해 국민에게 배급했다. 그야말로 생명줄이었다. 전쟁이 끝난 뒤 경제 부흥기에 들어서자 농민들의 필사적인 노력으로 쌀 생산량은 천천히 늘어났다. 한편 국민의 식량 소비는 다양해져 쇼와 40년대(1965~1974년) 이후 쌀 소비는 제자리걸음하기 시작했다. 이제 일본에서 삼시 세끼 쌀밥을 해먹는 집은 거의 없다.

그러자 1971년부터 쌀 생산 조정(경작 면적 축소)이 본격적으로 실시되었다. 국가 정책으로 '벼농사를 짓지 말라'고 계속 권고했다. 경작 포기를 권장한 셈이라 지금 이렇게 전국에 경작 포기 농지가 넘쳐나는 현상은 당연하다.

게다가 1993년에 우루과이 라운드에서 이루어진 합의에 따라 쌀 재배를 떠받치던 식량 관리 제도는 와르르 무너지고 말았다. 그때 큰 뉴스였기 때문에 기억하는 분도 많을 것이다. 쌀뿐만 아니다. 채소 농사도 하우스 재배에는 필수적인 연료비가 뛰어 농가 경영은 아주 힘들어졌다.

그래서 옛날처럼 벼농사만으로 먹고살 수 있는 농가는, 드넓은 평야에서 기계화를 통해 낮은 비용으로 쌀을 수확할 수 있도록 시스템화 한 곳이나 브랜드 쌀로 잘 키워 좀 비싸더라도 안전하고 맛

있는 쌀을 구하는 도시의 여유로운 소비자에게 호소하는 이미지 전략에 성공한 사람뿐이다.

사실 일본은 '탐스럽게 영그는 벼이삭의 나라(미즈호노쿠니)'가 아니다. 식물인 벼를 공업제품처럼 싸게 대량으로, 효율적으로 재배하기에 일본의 풍토는 최적이 아니다. 논농사를 지으려면 풍부한 물이 필수인데, 관개만 확실하게 해서 물을 제대로 공급할 수 있다면 오히려 미국 캘리포니아나 이집트처럼 햇볕이 쨍쨍 내리쬐는 드넓은 평야가 논농사에 더 적합하다. 일본처럼 산이 많고 비탈에 층층이 논을 만들어서는 자연재해에 대비해 물을 지킨다는 의미는 있지만, 쌀을 상품으로 생산하면 가격 경쟁에서 이길 수 없다.

쌀을 정부에서 사들이는 제도도 없어져 경영이 어려워진 벼농사를 짓는 농가는 이제 후계자가 없다. 대대로 물려받은 농토를 아들이나 사위에게 물려주고 싶어도 먹고살 수 없으면 방법이 없다. 농촌에서 태어나 농사는 부모를 거드는 정도로만 그쳐, 벼농사에 대한 지식 없이 도시로 나가 일하는 젊은이들이 너무 많다.

논은 몇 해만 농사를 짓지 않아도 바로 황무지로 변한다. 흙이 흘러나가고 잡초가 멋대로 자라 해충이 들끓게 되며 지저분한 쓰레기 불법투기장이 되기도 한다. 그래서 농촌 사람은 가능하면 누구라도 상관없이 쌀이든 뭐든 재배하고 싶어 한다. '농사를 짓자!' 하는 잡지라도 창간해 도시에서 농사를 짓고 싶어 하는 사람과 어쩔 수 없이 경작을 포기한 농가를 연결하면 좋겠다는 생각이 든다. 하지만 앞서 이야기했듯 농지는 아파트처럼 마음대로 빌려주거나 소작인을 모집할 수 없다.

요즘은 농업 후계자가 부족하기 때문에 지자체나 농협이 새로 농업을 시작하도록 권유하는 곳도 드물지 않다. 논밭을 경작하기만 해도 보조금을 주는 곳까지 있다. 그런 의미에서 '프로'로서 농사를 지으려는 도시인에게는 선택지가 있다.

하지만 내가 하려는 것은 직업적인 농사가 아니다. 아니, 프로가 되면 나는 끝장이다. 패배하는 셈이다. 어디까지나 글쟁이를 본업으로 살아가기 위해 주식인 벼농사를 짓겠다는 거다. 그래서 하루 최대 한 시간, 이른 아침에만 논에 들어갈 것이다.

그건 결국 농협이나 지자체의 협력을 구할 수 없다는 뜻이다. 어떻게든 내가 스스로 찾아야만 한다.

취업 경쟁이
생존 경쟁인 시대

자유기고가라도 좋고 뮤지션이라도 좋다. 화가여도 좋고 작가라도 괜찮다. 그런 크리에이티브한 계통의 일뿐만 아니다. 취업 준비 중인 대학생이라도 괜찮다. 앞으로 이런 일을 하고 싶다, 저런 분야에서 나를 실현하고 싶다, 하는 이런 빛나는 꿈을 가슴에 품은 사람이 적지 않으리라. 하지만 원하는 직업을 얻은 사람이나 꾸준히 그런 일터에서 일할 수 있는 사람은 매우 드물다.

꿈은 꿈이다. 현실 사회는 그렇지 않다. 싫어하는 일이라도 이를 악물고 해야만 한다. 이런 말에 동의한다, 어느 정도는. 인생이란 현실과 타협하는 일의 연속 아닌가. 그러나 연봉 200~300만 엔 정도밖에 받지 못하면서도 야근 수당이 없는 잔업을 100시간씩이나 한다. 그렇게 일하고도 "부가가치를 만들어내지 못하는 사람은 연봉 100만 엔이라도 어쩔 수 없다"는 소리까지 듣는다. 그런데도 힘들게 손에 쥔 정직원이라는 자리는 포기할 수 없고, 포기하고 싶지도 않아 아등바등 매달린다. 오늘을 살아가는 선택지가 기껏해야 이 정도뿐일까? 우리 사회가 언제부터 이렇게 가난해졌나?

고이즈미 준이치로 내각에서 금융 담당 장관을 지낸 다케

나카 헤이조[*]가 호경기인 줄 알고 조금 들떴던 무렵인 2000년 4월에 출간해 베스트셀러가 된 책 《경제란 그런 거였나 회의》[**]가 있다. 이 책에서 다케나카는 경제성장을 해야만 한다, 성장 없이는 사람이 살아갈 수 없다고 반복해서 강조한다.

"에도시대(1603~1867)는 살기 어려운 사회였습니다. 순환형 사회[***]였는데 매우 고단한 사회였다고 할 수 있죠. 우리들이 먹고살 양식은 태양에서만 왔습니다. 모두 태양이 내린 혜택이죠. 삼림의 양이 이전 해보다 태양이 내린 혜택으로 몇 퍼센트씩 늘어납니다. 그 늘어난 만큼 먹고사는 거죠. (중략) 이렇게 살아가는 집단은 참으로 아름답습니다. 하지만 한편으로는 그만큼밖에 살아갈 수 없기 때문에 사람을 솎아내게 되죠. 그런 의미에서 순환형 사회란 참으로 무서운 사회라고 생각합니다."

그렇게 되기 싫다면 성장하라. 경제성장만이 사람이 살 수 있는 조건이다, 뭐 이런 이야기다.

■　경제학자이자 정치가. 현재 도요대학 국제지역학부 교수.
■■　도쿄예술대학 영상연구과 교수 사토 마사히코와 공저.
■■■　유한한 자원을 효율적으로 이용하여 재생산하고 지속 가능한 형태로 순환시켜 이용하는 사회.

내가 대학을 졸업하고 사회에 나와 직장을 얻은 때는 1987년. '플라자 합의'■에 따른 엔고 불황으로 직장을 구하기가 쉽지 않았다. 인격적으로 모멸감이 드는 면접에서 여러 차례 떨어졌다. 떨어지는 정도라면 그나마 낫다. 아예 면접 기회를 주지도 않는 기업이 많았다. 하지만 그런 고생도 5월에 시작해 9월에 끝났다. 대략 반년 걸렸다.

지금 다시 대학생이 된다면 취업 활동을 해낼 자신이 없다. 요즘 대학생들은 대체 언제부터 취업 준비를 시작하는 걸까? 끙끙거리며 취직 매뉴얼을 읽고 자기 자신을 분석해 입사지원서를 몇 십, 몇 백 군데나 보내며 매뉴얼에 따라 지원 동기와 자기 소개서를 '창작'한다.

경찰청은 취직을 하지 못해 자살한 20대 젊은이가 몇 명인지 집계한다. 2007년에는 60명이었지만 2012년에는 149명으로 5년 사이에 곱절 이상 늘었다. 비영리법인 라이프링크가 대학생을 대상으로 실시한 조사에 따르면 대상자 가운데 21퍼센트, 다섯 명 가운데 한 명이 취업 활동을 시작하고 나서 '진짜 죽고 싶다, 사라지고 싶다고 생각한 적이 있다'고 응답했다. 정직원이 되기를 희망하는 대학생이 많은데 그중 65퍼센트가 '일본 사회는 유사시에 아무것도

■ 1985년 9월 22일에 G5의 재무장관, 중앙은행 총재 회의에서 발표된 환율 안정화를 위한 합의. 미국 뉴욕의 플라자 호텔에서 회의가 열렸다.

해주지 않는 사회'라고 생각하기 때문이다. 그렇게 정직원이 되려고 기를 쓰지만 대학을 마치고 취업한 이들 가운데 30퍼센트는 3년 안에 직장을 그만둔다고 한다.

2014년 가을, 홋카이도대학 남학생이 IS에 가담하기 위해 시리아로 가려고 했다는 사실이 크게 보도되었다. 그 학생은 "다른 '픽션(fiction)'에 몸을 던지고 싶었다"는 내용의 이야기를 했다고 한다. 학생과 상담했던 이슬람 연구가 나카타 고는 인터뷰에서 그 학생이 "일본에서 버텨봐야 좋을 게 뭐가 있겠나? 매년 3만 명씩 자살로 죽어가는 나라다. 자살하는 것보다 낫지 않은가. 이슬람 국가에 가면 가난하기는 해도 먹고살 수는 있다"고 했다는 이야기를 전했다.

대학생에게 현실적인 문제인 취업 활동도 어차피 '픽션'이다. '당신의 꿈은 무엇입니까?', '다른 사람과 달리, 당신만이 할 수 있는 일은?'이란 질문을 받았을 때 꾸며내지 않고 대답할 수 있는 젊은이가 과연 얼마나 있을까? 자기소개서 쓰는 방법을, 면접에서 대답하는 방법을 이런저런 매뉴얼을 통해 익히고 아등바등 암기해 대답할 뿐이다. 이게 '픽션(허구)'이 아니면 무엇인가.

커뮤니케이션 능력
만능 사회

얼마 전까지만 해도 일본 노동시장은 지금보다 선택지가 많은 사회였다. 선택지가 많다는 이야기는 풍요로운 사회였다는 뜻이다. 2011년에 들어 시작된 급격한 엔고 현상 때문에 일본 수출 산업은 생산 거점을 해외로 옮기는 속도가 더욱 빨라졌다. 시쳇말로 '산업의 공동화'라고 부른다. 선진국이라면 어디서나 이런 현상이 나타나고 있다.

제조업 종사자 고용이 크게 줄어드는 현상은 훨씬 전부터 일어났다. 1990년대 초부터 이어진 구조적 현상이다. 공공사업을 통한 건설업 고용 확대 정책도 고이즈미 준이치로 수상의 구조개혁 이후 별 효과를 보지 못하는 형편이다.

3차 산업을 향한 인구 대이동이 이어지고 있다. 그래서 개인사업자도 계속 줄어든다. 이런 현상은 젊은이들이 '대규모적'인 '서비스업'에서 일자리를 찾을 수밖에 없게 만든다. 선택지가 줄어든 아주 어려운 상황이다. 게다가 단순한 서비스업은 통신비가 낮아진 오늘날 인건비가 싼 인도나 중국으로 아웃소싱할 수 있게 되었으며 앞으로 이런 흐름은 더욱 빨라질 것이다.

앞으로 일본에서는 싫든 좋든 대부분의 노동자가 '대규모적이고 복잡한 지적 서비스 산업'에 종사해야만 한다. 대규모적이고 복잡한 지적 서비스가 요구하는 것은 무엇일까? 그것은 '수준 높은 대인 교섭 능력'이다.

제조업이건 금융업이건 미디어건 IT건 업종은 관계없다. 대다수의 평범한 사람들은 사람과 사람이 접촉해 부가가치를 만들어내는 일에 종사하지 않으면 생계를 꾸려갈 수 없다.

니트(NEET)족[■]이나 히키코모리가 크게 늘어난 이유 가운데 이런 현상도 큰 몫을 차지한다. 다른 사람과 접촉하지 않더라도 어느 정도 꾸려갈 수 있는 업종이 빠른 속도로 줄어들고 있다. 선택지가 없는 사회가 된 것이다.

요즘은 '커뮤니케이션 능력' 만능 사회다. 학교에서나 사회에서나 그 자리의 분위기를 파악하고 이질적인 주장을 하지 않으며 녹아들어가야 한다. 동조압력[■■]이 이상하리만치 높아진 사회가 2010년대 일본이다. 이제는 처음 대하는 고객과도 매끄럽게 소통하지 않으면 감당할 수 없는, 감당할 수 없을 것이라고 믿는 직업밖에 남지 않

■   Not in Education, Employment or Training. 일하지 않고 일할 의지도 없는 청년 무직자.
■ ■   同調壓力, peer pressure. 다수 의견에 따르도록 암묵적으로 강제하는 힘.

은 까닭이다. 거꾸로 말하면 1, 2차 산업의 특징은 커뮤니케이션 능력을 크게 필요로 하지 않았다는 뜻이다.

근대 이전의 일본은 어떠했는가. 벼를 심는 논은 기본적으로 사람을 굶주리지 않게 해주는 능력이 있다. 조금만 투자해도 매년 거의 확실하게 많은 생산물을 만들어낸다. 아주 너그러운 생산 수단이다. 그래서 촌락공동체는 마을의 자치를 가장 중요하게 여겼다. 논농사를 집집마다 따로 지으면 효율이 떨어진다. 마을에서 결정해 함께 물을 관리하고 해로운 짐승도 같이 물리치며 공동으로 모내기를 하고 거두어들인다.

어지간한 천재지변이 닥치지 않는 한 큰 흉년은 없었다. 그래서 예전에는 마을에 배를 주리는 사람이 나오는 걸 꺼렸다. 온 마을이 부끄러워해야 할 일이기 때문이다.

부모가 없는 어린이나 남편을 잃은 여성도 먹고살 수 있도록 일감을 마련해주었다. 마을에는 불량배 같은 사람이나 어딘가 부족한 사람도 한두 명 있기 마련이다. 그들은 일도 하지 않고 빈둥거렸다. 하지만 촌락공동체 안에서 지내는 한 굶어 죽게 두지도 않았다. '헤엄치지 못한다니 빠져 죽으면 그만'이라는 야박한 세상이 아니었다. 품이 넓은 사회였다.

농업, 임업, 어업은 그리 큰 커뮤니케이션 능력을 요구하지 않는다. 입을 놀리기보다 몸을 움직여야 하는 세계다. 다만 그런 촌락공동체는 공동체에 소속되어 있다는 의식이 있어야만 해서 당연히 동조압력이 강한 사회가 된다. '무라샤카이'▪라고 부르는 사회다. 관혼상제만이 아니다.

예를 들어 선거 때가 되면 마을에서 미는 자민당 의원 나리를 마을 사람이 다 함께 지지해야 한다. "지난번에 도로를 내주었으니 다들 한 표씩 부탁해" 하는 것이 통하는 세계다.

촌락공동체에서는 무라샤카이의 조화가 가장 중요하다. 그런데 무라샤카이의 숨 막히는 분위기를 견디기 힘들어 대도시로 나와도 분위기는 크게 다를 바 없다. 아니, 오히려 더 나쁘다. '세계화'라고 하면 뭐든 그냥 넘어간다. 자본가는 노동자를 헐값에 멋대로 부리며 해고하기도 쉽다. 부가가치를 내지 못하면 형편없는 임금을 받아도 당연하다고 뼛속까지 세뇌한다. 직장에서는 커뮤니케이션 능력이 무엇보다 중요하게 여겨지고, 노동자는 모난 돌로 보이지 않으려고 '분위기'란 걸 파악하느라 눈치를 살핀다. 도시나 시골이나 동조압력이 거센 사회기는 마찬가지다.

▪ 마을이나 부락의 사회 구조. 야요이시대에 벼농사가 전해지면서 생겨나 에도시대의 막번 체제 확립과 함께 완성된 사회를 말한다.

에라 모르겠다,
포르쉐 한 대 주세요

2월, 봄철 인사이동이 정식으로 발표되었다. 나는 화제의 주인공이 되었다. 친한 동료나 선배들이 히죽히죽 웃으며 다가왔다.

"너 이사하야로 간다며? 무슨 짓이라도 저지른 거야? 돈 문제냐? 여자? 폭력이야? 아니면 모두 다? 설마 약을 한 건 아닐 테지?"

'봄철 인사이동 가운데 최고의 서프라이즈'라며 놀리는 이메일도 잔뜩 들어왔다.

3월, 사내외에서 송별회가 줄을 이었다. 밤에만 해서는 다 치를 수 없어 야구 더블헤더처럼 낮에도 송별회를 했다. 중순부터는 낮, 저녁, 밤으로 이어지는 송별회 트리플헤더. 마치 이번 생의 마지막 작별인 것처럼. 돌아올 수 없는 전쟁터로 나가는 군인을 보내는 송별회 같았다.

"곤도 선배, 정말 스스로 원한 거야? 대체 뭐하러 거기까지 가는 거야?"

다들 물었지만 나는 대답하지 못했다. 어떻게 논을 구하며, 농사를 가르쳐줄 농부는 또 어떻게 찾아야 할지, 아무것도 정해진 게 없었다. 머릿속에 문득 떠오른 생각을 떠들었을 뿐인데 어이없게도 그게 승인돼서 꽁무니를 뺄 수도 없게 된 얼간이가 바로 나였다. 그 기획이 성공할 거란 확신은 전혀 없는데, 지방 주재 기자에게 주어지는 엄혹한 현실만은 피부에 와닿았다.

"곤도 선배, 지방 가면 다들 자기 차로 취재를 나가던데, 운전할 줄 알아요?"

"그야 할 줄 알지."

"혹시라도 고급 차를 탈 생각이면, 안 돼요."

"왜? 무슨 원칙이라도 있나?"

"요즘 사람들이 신문기자 보는 시선이 곱지 않잖아요. 그냥 무난하게 경차 타세요."

"내 덩치로는 경차에 들어가지도 못해."

"지금 입고 있는 그 요란한 셔츠도 안 돼요. 어디 저렴한 옷가게 가서 수수한 잠바나 하나 사 입어요."

송별회에서는 이런 소리만 들었다. 너무 끈질기게 잔소리하는 통에 농담으로만 받아들일 수는 없었다.

어느 날은 또 상사가 히죽거리며 다가와 "차는 뭘로 살 거야? 정했어?"라고 물었다. 발끈한 나는 마음을 굳혔다. 바로 회사에서 나와 중고 외제차 매장을 찾아갔다.

"포르쉐 주세요."

"… 포르쉐도 여러 종류가 있는데요?"

"포르쉐 오픈카로."

"… 지금 우리 매장에 있는 오픈카는 이것뿐입니다만."

손가락으로 가리킨 차는 좌석이 두 개뿐이었다. 모델명도 모른다. 차에는 워낙 관심이 없었다. 가라앉은 기분을 추스르기 위한 에너지 드링크라고나 할까. 유일하게 아는 외제차 이름을 댔을 뿐이다.

"네, 이거 주세요."

"저어… 시승은?"

"됐어요. 운전을 좋아하지 않아서. 그냥 주세요."

자포자기 상태였다.

자동차 없이 지낸 지 이럭저럭 20년이 되었다. 그러니 약간 사치를 부려도 괜찮으리라. 착각하지 마시라. 시골에 틀어박혀 농사를 지으며 슬로우라이프를 즐기겠다는 게 아니다. 죽을 때까지 전속력으로 달리겠다. 속도를 계속 올리는 거다. 시골 생활에 맞춰선 안 된다. 포르쉐를 타고 농사지으러 다닐 테다. 뭐 그런 농부도 있어야 한다.

요란한 알로하셔츠도 바꿀 생각 없다. 이 옷차림으로 논에 들어갈 테다. 스타일은 바꾸지 않겠다. 농부답게 변할 것 같은가? 천

만에. 스타일도 바꾸지 않고, 글쓰기도 포기하지 않을 테다. 그렇게 사는 선택지가 있어도 괜찮을 것이다.

… 결국 나는 자포자기 상태였던 것이다.

아무렇게나 되라고
자, 죽이라고
이렇게 말한 게 대체 누구지?
멋대로 하라고 침을 뱉고
춤을 춘 건 바로 나
— 즈노케이사쓰 ■, 〈자포자기의 룸바〉

■ 1970년에 결성된 일본 록밴드.

3. 도시 남자의 얼터너티브 농부 생활

직업적인 농부가 될 생각은 없다니,
사실 무례하기 짝이 없는 소리다.
농사를 우습게 여기는 거냐고 호통을 들을지도 모른다.

그렇다면 왜 그런 결심을 했는가?

자본주의가 이러니저러니 늘어놓아봤자 먹힐 리 없다.
우락부락한 농부 앞에 앉으니 그런 확신이 들었다.

작전 변경.
쓸데없는 소리는 집어치우자.
도시에서 온 뜨내기가 벼농사를
지을 수 있게 도와달라고 매달리는 방법뿐.

정신을 차려보니
시골이었다

3월 말, 추위가 아직 물러가지 않았을 때였다. 태어나서 처음으로 나가사키 현 이사하야 시란 곳에 발을 디뎠다. 출장 가는 중이라는 나가사키 총국장과는 공항에서 만나 인사를 나누었다. 그리고 바로 나가사키 시 중심부에 있는 총국으로 가서 그곳 데스크(차장)에게 인사했다. 총국장이나 데스크나 나보다 나이가 아래다.

인사이동 발표 후, 한 선배가 송별회 자리에서 이런 말을 했다.

"이번 인사이동에서 가장 큰 피해자는 나가사키 총국장이지."

그러면서 웃었다. 하긴 그렇다. 상사 입장에서야 부리기 편하고 싹싹한 젊은 기자를 원할 것이다. 쉰 살이 넘은 기자, 성질 고약한 글쟁이 따위를 원할 리 없다. 어떻게 부려야 좋을지 걱정이리라. 내가 총국장이라도 나 같은 기자를 부하로 받고 싶진 않다.

한 달 넘게 이어진 송별회 태풍 때문에 밤낮없이 술에 절어 있었다. 준비를 잘해야 하는데 이사하야에 대한 기초 조사도 할 틈이 없었다. 이토록 빡센 송별회는 1999년 뉴욕으로 발령 났을 때 이후 처음이다. 아니, 송별회 횟수로만 따지면 그때보다 더 많다. 어떤 의미에서는 이사하야가 뉴욕보다 더 멀다. 뉴욕은 해외 출장으로든 여행으로든 방문할 기회가 많다. 하지만 이사하야는 나가사키 현 관광 안내에도 실리지 않은 곳이다. 이런 곳을 누가 찾아온단 말인가.

하루 세 차례, 트리플헤더로 치르는 송별회가 몇 주간 이어졌다. 이사 준비도 해야 했다. 게다가 마지막으로 넘기고 가야 할 원고까지 있어 죽고 싶을 정도로 바빴다. 농사 준비는 생각도 못하는 3월이 그렇게 지나고 말았다.

애가 탔다. 농사지을 땅은 빌리지도 못하고, 나가사키 현 지방판 기사만 쓰며 1년을 보내게 되는 거 아닐까? 한심한 이야기지만 솔직히 퇴사까지 생각했다. 큰소리만 뻥뻥 쳐놓고 아무 결과도 못 낸다면 무슨 낯짝으로 회사에 붙어 있겠는가. 스스로를 막다른 골목에 몰아넣고 있었다.

총국에 들러 아주 어색한 인사를 마친 다음 이사하야 역에 도착했을 때는 늦은 오후였다. 전임 지국장과 업무 인수인계를 해야 했다.

전임 지국장은 지국이 입주한 아파트에서 나를 맞이했다. 한국어가 유창하고 유쾌한 인상을 풍기는 그는 꼼꼼하게 업무를 인계해주었다. 밤이 되어 술자리로 옮겼을 때다.

"저는 이곳이 마음에 들어요. 여기 더 있고 싶었죠. 그런데 2년 되니 다른 곳으로 옮기라더군요. 총국장에게 물어보았습니다. 제 후임은 누구냐고. 그랬더니 도쿄 본사 문화부의 곤도라고 하더군요. 그때부터 매주 수요일마다 주간신초, 주간분슌의 광고를 꼼꼼하게 살폈죠. 아사히신문 사장의 얼굴 사진이 실리는 게 아닐까 해서. 혹시 사장 스캔들을 터뜨려서 이리 밀려난 걸지도 모른다고 생각했거든요. 크하하하."

전임 지국장은 호쾌하게 웃었다. 나도 따라 웃었다. 웃을 상황은 아니었지만.

"저, 그런데 말입니다…."

나는 지역 사정을 잘 아는 듯한 그에게 내 계획을 솔직히 털어놓았다. 완전 초짜가 논을 빌려서 이른 아침 한 시간만 농사를 짓고 혼자 1년 먹을 쌀을 거두고 싶다고.

"글쎄요… 뭐, 여긴 농업고등학교도 있으니 잘하면 찾을 수 있겠죠. 자, 일단 한잔합시다."

나는 시무룩한 표정으로 하릴없이 그와 술을 계속 들이켰다. 이사하야를 상징하는 혼묘가와라는 큰 강 가까운 뒷골목에 자리 잡은 이자카야였다. 캄캄한 골목에 빨간 등롱 하나가 달랑 매달려 있었다. 주변에는 다른 술집이 전혀 없었다. 혹시 너구리가 사람으로 둔갑해 운영하는 술집은 아닐까? 한산한 곳이라는 소문이야 들었지만 이토록 쓸쓸한 곳일 줄은 몰랐다.

앞날이 불안해 그 좋아하는 맥주도 아무 맛이 없었다. 술값을 치르고 허름한 비즈니스호텔로 돌아갔다. 부풀었던 꿈이 폭 꺼지고 말았다. 너무도 쓸쓸한 출발이었다.

운명의 스승님을 만나다

그런데 이럴 수가. 전임 지국장이 곧 엄청난 행운을 가져다주었다. 그는 문득 생각났다는 듯, 나가사키 총국에서 일하는 아르바이트 여성이 농촌으로 시집을 갔다고 했다. 총국 모임 때 '집에서 수확한 쌀로 지은 주먹밥'을 가져온 적이 있다는 것이다.

4월 1일. 정식으로 부임하자마자 나는 나가사키 시 총국을 찾아가 그 아르바이트 여성, 도모코 씨에게 물었다.

"시댁에서 농사를 짓는다고 들었는데 정말인가요?"

그녀의 말에 따르면 시댁에서 시아버지가 벼농사를 짓는단다. 지금은 가족들이 먹을 만큼만 짓는다고 했다. 마음이 급해졌다. 벌써 4월이고 올해 쌀을 수확하려면 서둘러야 한다. 내가 한 벼락치기 공부에 따르면 '이른 봄에 논갈이'를 해두어야 한다고 하지 않았던가.

"시아버님을 만나뵐 수 있게만이라도 해주실 수 없나요?"

필사적인 표정이었으리라. 나는 도모코 씨에게 사정했다. 본격적으로 농사를 배우는 게 아니라, 아침 한 시간만 일해서 나 혼자 먹을 수 있을 만큼 쌀을 거둘 수 있는 논을 빌리고 싶다고. 도모코 씨는 내 말이 도무지 이해되지 않는다는 표정이었다. 당연하다. 누구도 그렇게 하지 않았으니까.

"제 친정아버지라면 떼를 쓸 수도 있지만… 시아버님이라서요. 분위기를 봐서 한번 말씀 드려볼게요."

썩 내키지 않는 표정을 짓는 도모코 씨에게 조만간 만날 수 있게 해달라고 매달리듯 부탁했다. 돌파구는 이것뿐이다. 설사 그녀의 시아버지에게 논을 빌리지 못하더라도 내 이야기를 들려주고 의도를 이해시켜보자. 다른 농가를 소개받아 논을 빌릴 기회가 생길 수도 있다. 길은 그뿐이었다.

어차피 나는 규슈는 물론 나가사키 현이나 이사하야 시에 아는 사람이 전혀 없다. 직장을 다니면서 일 때문에 알게 된 사람조차 규슈에는 한 명도 없다. 바꿔 말하면 그렇게 아무 연고도 없는 곳, '나 스스로를 리셋할 수 있는 곳'이라서 일부러 자원해 이 먼 곳까지 날아온 것이기도 하다. 모두 내 손으로 뿌린 씨였다.

4월 4일. 잊을 수 없는 날이다. 도모코 씨의 시아버지를 방문하기로 약속이 잡혔다. 첫 만남에서 모든 게 결정되리라. 행선지는 이사하야 시 이모리라는 마을. 이사하야 시는 인구 13만 명. 나가사키 현에서는 나가사키 시, 사세보 시에 이어 세 번째 도시로 꼽힌다. 그렇지만 다른 도시들처럼 헤이세이 때 행해진 행정구역 조정 때 이웃 지역을 합병해 커진 도시다.

이모리라는 마을도 원래는 '이모리초'라는 이름으로 독립된 행정구역이었다. 이사하라는 에도시대 때 생긴 성 아래 마을. 하지만 이모리초는 이사하야 시 중심부에서 가려면 산을 몇 개 넘어야 하는 마을이다. 야트막한 산과 다치바나 만을 마주보는 지역인데, 예전에는 어업과 농업이 모두 번성했다. 어업에 종사하는 사람이 많은 마을이라 사람들이 거친 편이다.

물론 이런 건 다 나중에 알게 된 사실이다. 당장은 미리 지도로 꼼꼼하게 봐둔 이모리라는 마을로 약속 시간에 늦지 않게 아침 일찍 길을 나서 차를 몰았다. 어느 집에 누가 사는지 이름까지 적힌 주택 지도를 들고 그 집을 찾아 나섰다.

하지만 농촌 지역으로 나오자 이 주택 지도마저 소용이 없었다. 길이 좁고 지형도 복잡했다. 지도만 보고는 도저히 찾기 힘들었다. 주위 사람들에게 묻지 않으면 찾을 수 없을 텐데 길에 오가는 사람마저 없었다.

30분이면 갈 길을 한 시간 반이나 걸려 겨우 도착했다. 차 한 대도 지나가기 빠듯한 좁은 길을 내려가니 농가 한 채가 나타났다. 현관을 지나 안으로 들어갔다. 다다미가 깔린 일본식 방이 쭉 이어져 있었다. 시골에 어울리는 멋진 저택이었다.

안내받은 식당 테이블에서 마주앉은 남자는 자그마하지만 근육이 붙은 다부진 체격이었다. 얼굴과 팔이 햇볕에 그을어 검붉었다. 나이가 대략 몇 살인지 가늠이 되지 않았다. 나보다 젊을 리야 없지만 50대라고 해도 고개를 끄덕일 정도로 혈색이 좋았다.

우물쭈물하면 해결될 일이 없다. 솔직하게 하소연하는 수밖에. 나는 도쿄 시부야에서 태어나 흙장난도 제대로 해본 적 없다. 그런데 이곳에서 벼농사를 짓고 싶다. 다만 직업적인 농부가 될 생각은 없다.

남자 혼자 1년 먹고살 만큼만 농사를 짓고 싶다. 글 쓰는 일도 해야 하기 때문에 이른 아침 하루 한 시간만 일을 하겠다. 그런 농사를 지을 논을 찾는 중이다. 아무것도 모르기 때문에 농사짓는 법을 가르쳐줄 분도 있다면 더할 나위 없이 좋겠다…

직업적인 농부가 될 생각은 없다니, 돌이켜 보면 무례하기 짝이 없는 소리였다. 농사를 우습게 여기는 거냐는 호통을 들을지도 모를 어처구니없는 부탁이었다. 그렇다면 대체 왜 그런 결심을 했는가? 블랙기업이 어떻다, 자본주의가 어떻다, 이런 소리를 늘어놓아도 먹힐 리 없다. 우락부락한 농부 앞에 앉으니 그런 확신이 들었다.

작전 변경. 쓸데없는 소리는 이제 집어치우자. 그냥 도시에서 온 뜨내기가 벼농사를 지을 수 있게 해달라고 매달리는 방법뿐이다. 어처구니없는 내 부탁을 가만히 듣기를 30분. 마침내 무거운 입이 열렸다.

"그래서, 얼마나 부치려고?"

"남자 혼자 1년 먹을 수 있을 만큼이면 되니… 한 마지기(300평)쯤?"

적당히 대답했다. 논 면적을 따지는 단위라고는 '마지기'밖에 모르니까. 한 마지기가 어느 정도 넓이인지도 사실 모른다. 준비가 형편없이 부족했다.

"그렇게 많이 필요하지는 않아. 뭐 60평 정도면 충분할 거야."

도모코 씨의 시아버지가 처음으로 슬쩍 웃었다. 자기도 지금은 가족과 친척이 먹을 수 있을 만큼만 벼농사를 짓는단다. 그 면적이 대략 한 마지기 조금 넘는 넓이. 어린애까지 포함해 예닐곱 명에게는 이 정도 면적으로 충분하다는 말이다. 한 마지기는 300평. 그러니 60평쯤이면 어른 한 명이 1년 동안 먹을 수 있는 쌀이 나온다. 계산상으로는 그렇다.

"여기는 산이 많아서 다랭이논(계단식의 작은 논)밖에 없네. 딱 맞는 넓이의 논이 있지. 몇 년 전이더라? 멧돼지가 들어와서 친 울타리도 있고… 흙탕물 목욕을 하거나 지렁이를 먹느라 논에 들어오거든. 저쪽 산에 아주 많지. 멧돼지가 들어온 논에서 난 쌀은 냄새가 심해 먹을 수 없겠지만."

사투리가 심해서 제대로 알아듣기 힘들었지만 요약하자면, 마침 딱 맞는 넓이의 논이 비어 있는데 멧돼지를 막기 위한 울타리까지 쳐져 있으니 초짜라도 어떻게든 해낼 수 있을 거라는 이야기 같았다.

"빌려주실 분이 있나요?"

잔뜩 긴장했던 내 표정이 살짝 밝아졌던 모양이다.

"신문기자는 넉살도 좋군. 어지간히 해."

"농사를 가르쳐줄 분도 가까이 계시면 정말 좋을 텐데…."

"가르치는 거야 내가 해도 돼. 그렇지만 오래 계속할 순 없지."

슬쩍 웃으며 자리에서 일어났다.

'스승'의 탄생이었다. 꽉 붙들어 잡고 무슨 일이 있어도 놓지 않을 테다.

좋은 땅일수록
버려진 곳이 많은 이유

스승님을 따라 근처에 있는 큰 집으로 걸어갔다.

"자네가 말한 크기와 딱 맞는 논이 있어. 내가 누님이라고 부르는 분이 그 땅 주인이지. 남편이 세상을 떠나 이제 벼농사는 못 지어."

스승님이 누님으로 모시는 마나님의 남편은 3년 전에 돌아가셨다. 그 뒤로 농사를 짓지 않는 땅이 되었다고 한다.

앞에서도 설명했지만 전국에 경작을 포기한 농토가 넘쳐나 심각한 문제다. 이곳 나가사키 현에서도 경작을 포기한 농지가 2014년 기준 11,742헥타르(35,519,550평)나 된다. 전국 최고다. 도쿄돔 2,500개를 합친 넓이와 같다.

나중에 현장을 보고 알게 되었지만 내가 빌리려는 곳은 산골짜기에 있는 아주 작은, 그림에 나올 듯한 다랭이논이었다. 이런 땅을 직업으로 경작해봐야 이익을 내기는 무리다. 규모가 너무 작다.

몇 해 전 세상을 떠난 마나님의 남편도 내다 팔기 위해 벼농사를 짓지는 않았다고 한다. 가족이 먹을 만큼만 쌀을 거둔다는 목적이었고, 무엇보다 조상 대대로 내려온 논을 그냥 내버려두어 망가뜨리면 면목이 없다는 마음 때문이었으리라.

이곳은 산골짜기에 자리 잡은 마을이다. 농사를 짓지 않아도 논을 내버려둘 수는 없다. 논은 사람 손이 가지 않으면 바로 잡초가 무성해져 못 쓰는 땅이 되고 만다. 잡초에서 병충해가 발생하고, 주변 논으로 벌레가 퍼진다. 대형 쓰레기, 못 쓰는 가전제품을 내다버리기도 하고 산업폐기물을 불법적으로 버리는 곳이 될 수도 있다. 즉 한 명의 경작 포기가 마을 전체에 폐를 끼치게 되는 셈이다.

나를 포함한 도시 사람들은 경작을 포기한 땅이라고 하면, 이런 산골짜기의 후계자도 끊긴 작은 논을 떠올린다. 그렇지만 오히려 평지에 있는 경작 포기 농지가 더 심각한 문제다. 농사를 짓기에 더 좋은, 탁 트인 평지의 좋은 농토가 경작 포기 면적의 확대 속도는 더 빠르다고 한다.▪

《일본 농업에 대한 올바른 절망법》에 따르면 우량 농지는 평지에 있어야 하며, 모양새가 가지런하고 배수가 잘되면서 해가 잘 드는 곳이어야 한다. 물론 일반 도로에 접근하기도 편해야 한다. 일반 주택이나 상업 시설을 지을 때 꼽는 바람직한 조건과 같다.

그래서 이런 땅을 소유한 농가에는 부동산 회사가 자주 전화를 걸어 용도 변경을 권한다. 땅도 남고 집도 남는다는 일본이지만 좋은 땅에 대한 수요는 늘 많다. 그저 벼농사를 짓기보다 농지의 용도를 변경해 큰돈을 쥐는 쪽이 땅 주인에게는 더 낫다. 누가 뭐라고 탓할 수도 없는 일이다.

그런 이유로 우량 농지일수록 용도를 변경하려고 경작을 포기한 채 내버려두는 일이 많다. 그런데, 그런 땅 주변에서 성실하게 농사지으며 토양 개선까지 하려는 논에는 큰 타격이 되고 만다. 산골짜기에 있는 한적한 다랭이논보다 이쪽이 더 큰 문제인 것이다.

■ 메이지가쿠인대학 경제학부 경제학과 교수 고도 요시히사의 《일본 농업에 대한 올바른 절망법》.

마침내
농부 데뷔

이야기가 잠깐 옆으로 새고 말았다. 어쨌든 내가 스승님과 함께 보러 가려는 논도 3년 전부터 농사를 짓지 않은 땅이라는 이야기다. 조심스럽게 몸을 움츠리고 스승님의 뒤를 졸랑졸랑 따라갔다. 스승님을 소개해준 도모코 씨도 여차하면 내 편을 들어줄 생각이었는지 함께 따라나섰다.

스승님 집에서 걸어서 몇 분. 큰 집 안뜰에서 개와 함께 해바라기를 하던 할머니가 보였다. 연세는 일흔이 넘었을까? 땅 주인이신 듯했다. 스승님이 큰 목소리로 "누님! 드릴 말씀이 있어"라고 말을 건넸다.

"뭔데?"

한동안 두 분이 이야기를 나누었다. 마나님이 힐끔 나를 보았다. 나는 옆에서 귀를 기울였지만 두 사람이 나누는 대화를 도무지 알아들을 수 없었다. 시골 노인들끼리 이야기할 때는 남을 신경 쓰지 않기 때문에 사투리가 더 심해져 내용 파악이 거의 불가능하다. 나중에 들은 말이지만 도모코 씨도 나가사키 현 출신인데 스승님이 하는 말을 종종 알아듣지 못한다.

잠시 후 마나님이 "됐어, 됐어"라며 큰 소리로 웃었다. 아마 허락이 떨어진 모양이다. 나도 모르게 쪼르르 달려가 고개를 깊숙이 숙이며 연신 "감사합니다! 감사합니다!" 했다.

스승님이 "도지쌀은 어떻게 하지?"라고 묻자 마나님은 또 "됐어, 됐어"라며 손을 내저었다. 도지쌀이라는 건 아마도 상납해야 할 쌀 혹은 토지 임대료? 땅 사용료 대신 주는 쌀을 말하는 모양이다. 그리고 이번의 '됐어'는 '필요 없어'라는 뜻이리라.

"논은 위쪽에 있는 게 낫겠지."

몇 군데 논 가운데 산 쪽에 더 가까운 다랭이논을 빌려줄 거라고 한다. 도모코 씨와 둘이서 얼굴을 마주보며 주먹을 불끈 쥐었다.

괜한 걱정을 했다. 어처구니없을 만큼 쉽게 해결되었다. 하지만 나 혼자서 마나님을 찾아가 사정 설명을 하고 설사 '사용료를 이렇게 저렇게 지불하겠다'고 해본들 이야기가 잘 풀리지 않았을 것이다. 화려한 셔츠를 걸친 도시 놈이 와서 아무리 임대료를 낸다고 해도 대체 무슨 짓을 할 작정인지 알게 뭔가. 물이나 비료, 농약 같은 문제로 마을의 조화를 깨뜨리면 땅 주인은 견딜 수 없다. 무엇보다 이상한 작물이라도 심어 경찰이 출동하는 일이라도 생기면 진짜 낭패가 아닌가. 시골에선 인맥이 전부인 것이다.

기뻐서 펄쩍펄쩍 뛰며 빌린 논을 보러 갔다. 60평이라는 넓이가 겨우 요건가? 이 정도 면적에서 남자 한 명이 1년 먹을 쌀을 수확할 수 있을까 싶은 생각이 가장 먼저 들었다.

"조그맣군요?"

스승님에게 물었다.

"어, 작지. 게다가 트랙터는 들어가지 못해. 테일러로 할 수밖에. 농협에서 안 빌려줄지도 모르는데, 그러면 어디서 빌려와야 해. 이앙기랑 구충제 분무기도…. 그런데 자네, 장비는 어떻게 할 건가?"

트랙터는 들어본 적이 있지만 테일러는 또 뭔지, 도통 알 수 없었다.

"장비는 사면 비쌀 텐데… 사람 손으로는 할 수 없나요? 제가 체력은 좀 있는 편인데."

"허허허. 뭐, 됐어. 장비는 우리 집에도 있으니까."

"빌려주실 건가요?"

"신문기자는 넉살도 좋군. 어지간히 해."

지난번하고 같은 반응이다. 스승님이 슬쩍 웃었다.

이게 금요일 낮이었다. 스승님은 토요일과 일요일은 쉬고, 월요일 아침 8시에 여기서 다시 보자고 했다. 잡초부터 베어내야겠다는 말씀이었다. 그때까지 준비해야 할 최소한의 도구를 스승님에게 듣고 그날은 헤어졌다. 마침내 내가 농부로 데뷔하게 되었다.

좋은 농부가 되는
세 가지 조건

베스트셀러《산촌자본주의》[*]로 유명한 모타니 고스케가 농업 관계자와 나눈 대담을 기록한《탄력 있는 일본 열도 만들기》라는 책이 있다. 앞서 언급한《일본 농업에 대한 올바른 절망법》의 저자 고도 요시히사[**]와도 그 책에서 대담을 나눈다. 무척 흥미로운 내용이라 그 일부를 인용한다.

고도는 처음 농사를 시작하는 사람을 지원하는 일도 하고 있다면서 '지원해줄 만한 사람인지 아닌지 판단할 때'는 다음의 몇 가지 조건이 있다고 한다.

― 신체적 강인함을 갖고 있을 것

■　한국에서는《숲에서 자본주의를 껴안다》라는 제목으로 출간되었다.
■■　일본의 농학자이자 경제학자, 메이지대학 경제학과 교수.

─ 동식물의 목소리를 들을 수 있으면서도 과학적인 사고를 할
수 있을 것

　─ 인사를 나눌 줄 아는 능력, 즉 주위 사람들과 원활하게 커뮤
니케이션할 수 있을 것

　이 조건들을 내게 적용하면 어떨까? 신체는 그리 강인한 편은
아니지만 운동을 좋아해서 근육 운동이나 파도 타기, 자전거 타기
등을 꾸준히 해왔다. 하지만 그 이상은 아니다. 마흔 살이 넘어서
격투기도 시작했는데, 연습 때 젊은이와 맞붙었다가 오른쪽 어깨
인대가 끊어지고 말았다. 즉 별 볼 일 없는 편이라는 말이다.

　'동식물의 목소리를 듣는다'는 말은 자연과 얼마나 친숙한지를
따지는 뜻이리라. 이 부분은 빵점이다. 이미 말한 것처럼 나는 도쿄
시부야에서 태어나고 자랐다. 대도시를 벗어나 살아본 적이 없다.
3년 이상 살았던 곳은 도쿄와 뉴욕뿐. 으스대려고 하는 소리가 아
니다. 어떤 의미에서는 불쌍한, 가난한 인생이었다는 말이다.

　'인사를 나눌 줄 안다'는 말은 결국 커뮤니케이션을 잘하고, 주
위 사람들과 협조할 수 있어야 한다는 뜻이리라. 이 항목에서도 낙
제점을 맞을 자신이 충분히 있다.

　그래도 신문기자로 30년 가까이 살아왔으니 인사쯤은 할 줄 안

다. 그것도 못하면 어떻게 기자 노릇을 했겠는가.

그렇지만 기자랄까, 필자란 직업은 주변 사람들과 협조를 잘하지 못하더라도 살아갈 수 있는 몇 안 되는 직종이 아닐까 싶다. 시건방진 소리일 수도 있지만 협동심이 없어도 실력만 있으면, 글만 재미있으면 원고 청탁은 자연히 들어오기 마련이다. 글 쓰는 동료들과 꼭 얽혀야 할 필요도 별로 없다. 어쨌든 나는 그런 방침으로 지금까지 살아왔다. 동료 기자들과 몰려다니며 떠들고 마시는 게 내 적성엔 맞지 않다.

이상하게 여길지도 모르지만 신문기자, 특히 문화부 같은 부서에는 얽히는 기자가 많다. 좀 옛날이야기인데, 미술 담당 중진 기자가 있었다. 그 기자 주변에는 미술 기자를 지망하는 젊은 기자들이 무리를 이루었다. 그 중진 기자는 늘 밤늦게까지 회사에 머물며 맛도 없는 구내식당에서 (공짜로) 저녁을 먹곤 했는데, 주변을 맴도는 기자들도 늘 함께였다. 낮부터 회의를 한답시고 밤중까지 대체 무슨 이야기를 하는 건지, 종일 몰려다니며 떠들어댔다. 소름이 끼쳤다.

이런 내 생각을 '혼자 고고한 척한다'고 빈정거리고 싶다면 그래도 상관없다. 그렇지만 내가 꼴사납다고 생각하는 그런 짓은 할 수도 없고 하지도 않겠다. 비웃으려면 실컷 비웃어라. 그런다고 바뀔 내가 아니다.

　내친김에 한마디 더. 내 '미학'은 양보하지 않겠다. 이런 생각도 없이 무슨 '얼터너티브 농부'란 말인가. 쓰고 싶지도 않은 홍보성 기사를 억지로 쓰거나 혐오하는 글로벌 기업에 고용되어 글을 써야 한다면 다 소용없다. 나는 절대로 한심한 인간이 되고 싶지 않다.

무자비한 자본주의에서
살아남는 법

앞서 고도 요시히사의 '처음 농사를 시작하려는 사람'이 갖춰야 할 조건을 열거했다. 강조하다시피 나는 농사를 '본격적으로' 시작하려는 사람이 아니다. 아침에 한 시간만 농사를 짓는 얼터너티브 농부다. 본격적으로 농사를 짓는 분들이 보면 웃기고 있다, 장난치지 마라, 멋모르고 까분다고들 할 것이다. 하지만 그렇게 살아남는 방법은 있을 수 없는 걸까? 불가능한 일일까? 얼터너티브한 삶을 살아가는 선택지는 우리 사회에 없는 것일까?

　계속해서 강조하는 커뮤니케이션 능력, 주변 사람들과 잘 협조하는 능력은 거의 전무한 인생을 살았다. 초등학교 때부터 나는 늘

외톨이였다. 친구가 별로 없었다. 그래도 '인사'는 할 줄 안다. 아니, 할 줄 알게 되었다. 인간으로 살아가기 위해서라면 어지간한 일은 할 줄 알게 된다.

〈AERA〉라는 잡지 부서에 근무할 때 임시 증간호 편집장을 맡은 적이 있다. 편집장이라고 해봐야 이름뿐이고, 사실은 잡지에 실을 광고를 따러 기업체를 찾아다니는 게 일이었다. 영어, 록 음악, 투자 등을 다루는 잡지를 만들었지만 그간 아무 관계도 없던 업계를 처음 돌아다니며 광고를 따왔다.

그건 기자가 할 짓이 아니었다. 애당초 커뮤니케이션 능력이란 게 없는 사람이라 더 죽을 맛이었다. 위에 구멍이 나는 줄 알았다. 하지만 어떻게든 편집장 일을 잘해내 당당하게 기사 쓰는 일로 돌아가야만 하는 사정이 있었다. 죽느냐 사느냐 하는 문제였다.

광고 영업은 내게 가장 맞지 않는, 하고 싶지 않은 일이었다. 하지만 이걸 극복하지 않으면 기사 쓰는 일로 돌아갈 수 없다는 사실도 알고 있었다. 그래서 해낼 수 있었다. 사람이란 막장에 몰리면 어지간한 일은 다 해내게 된다.

어느 분야에서든 남들과 이야기하고, 남에게 설명하고, 남을 설득할 능력이 없으면 사회생활이 힘들 수밖에 없다. 농사를 포기한 농토라고 해도 조상 대대로 물려받은 소중한 땅을 어디서 굴러먹던 인간인지도 모를 도시 놈에게 빌려줄 농가가 어디 있겠나. 게다가 농사를 전혀 모르는 초짜라면 주변의 농부에게 배우지 않고는 제대로 해나갈 수 없다. 그러니 커뮤니케이션 능력은 필요하다. 하지만 그것은 다른 능력에 비해 특별하거나 우위에 있는 것도 아니다.

요즘 세상은 커뮤니케이션 능력을 지나치게 강조한다. 이른바 '커뮤니케이션 능력 강박 사회'다. 커뮤니케이션 능력만 중요하다고 몰아대면 적응하지 못하는 사람, 견디기 힘든 사람이 생겨날 수밖에 없다. 인간사회란 다양한 사람이 모여 사는 곳 아닌가. 다른 사람과 소통하는 기술이 좀 부족해도, 섬세한 일에 집중력을 보이거나 묵묵히 자기 일에 몰두하는 것이 더 적성에 맞는 사람도 있다.

농업이나 어업, 임업 같은 제1차 산업은 그런 커뮤니케이션 능력이 다소 부족한 사람도 얼마든지 먹고살 수 있는 환경이었다. 어눌하고 협조성이 떨어지는, 나쁘게 표현하면 분위기 파악 못하고 주변과 잘 어울리지 못하는 나 같은 사람, 즉 괴짜나 이단아도 받아들여주는 시대였다. 어디까지나 상대적인 것이다. 그러니 쓸데없는 콤플렉스를 품지 말자.

모타니 고스케는《탄력 있는 일본 열도 만들기》라는 대담집에서 이런 말을 한다.

예를 들어 도시에서 편의점 아르바이트를 하며 결혼도 쉽게 못하는 젊은이들이 시골로 이주해 농사를 짓거나, 토목공사 작업이나 공무원 일을 거들며 결혼해서 아이를 낳고 살면 어떨까요?

물론 이건 농업이라는 측면에서 보면 별로 도움이 되지 않을지 모르지만, 지역 진흥이라는 관점에서 보면 괜찮은 일이라고 저는 생각합니다. 의미도 없이 도쿄에서 대충 살아가는 사람들을 시골로 보내서 뿌리 내리게 하는 게 서로에게 좋지 않은가 하는 것이죠.

사람들은 이런 걸 '스탈린주의'라고 한다. '모택동주의'라고도 한다. 강제 집단농장인가? 21세기에 대약진운동이라도 벌이자는 말인가? 토목공사 작업이나 공무원 일을 거들며 결혼해서 아이를 낳고 살라니. 게다가 '의미도 없이 도쿄에서 대충 살아가는 사람들'이라니. 그들이 살아가는 저마다의 '의미'를 저렇게 손쉽게 평가하려면, 아주 둔감한 신경과 오만한 정신이 필요하다. 왜 주제넘게 간섭인가? 산촌자본주의에 공감한 부분도 많다. 하지만 이런 무신경한 표현 한마디에 '정체가 드러났다'고 느끼는 건 속단일까?

내가 주장하는 삶의 방식은 그런 자본주의 시스템에 더 이상 끌려가지 말자는 거다. 자본주의의 맛있는 부분만 빼먹자는 거다. 그게 뭐가 나쁜가? 여태까지 죽도록 국가와 기업한테 맛있는 걸 빼앗

겨온 도시 노동자들이다. 글로벌 기업이 발호하고 국가는 국민을 지키지 않으면서 기업의 하수인으로 행동하는 게 현대사회인 것이다. 사기꾼 같은 세상에 속을 수 없다. 내가 사는 인생의 이 짧은 순간에 조금이라도 빚을 돌려받아야 한다.

절대로 한심한 인간이 될 수 없어
쓸데없는 콤플렉스를
심으려고 해봐야 안 돼
날 감쪽같이 속인 줄 알아?
그런 유치한 수법으로
감쪽같이 속인 줄 알아?
그런 시대는 이제 끝났어
너무 웃겨 어처구니가 없군
네 정체는 들통났어
— 티어드롭스(TEARDROPS) ▪, 〈감쪽같이 속인 줄 알아?〉

▪ 록 뮤지션 야마구치 후지오의 그룹.

4. 재미가 의미를 만든다

대망의 농부 데뷔 날.
알로하셔츠를 입고 논으로 나갔다.
스승님이 웃으신다.
어울리지 않는다는 건 나도 잘 안다.

그렇지만 알로하셔츠는 포기할 수 없다.
여름이면 나는 항상 이 셔츠를 입곤 했다.

내 스타일을 바꾸지 않겠다는 것도
이 농사 프로젝트의 아주 중요한 포인트.
시골에 살며 농부가 된다고 근본을 바꿀 수 있나.
내 스타일은 무너뜨리지 않겠다.

즐겁지 않으면 살아갈 수 없다.
멋지지 않으면 살아 있는 의미가 없다.

알로하셔츠는
포기할 수 없어

"그런 옷차림으로 할 건가? 크하하하."

스승님이 웃었다. 뭐 웃으시라지. 어울리지 않는다는 건 나도 잘 안다. 내가 아끼는 뉴욕 메츠 야구모자에 양봉할 때 쓸 법한 흰색 방충망, 화려한 꽃무늬 알로하셔츠에 사이즈 290짜리 큼직한 장화.

드디어 농사가 시작되었다. 우선 잡초 베기부터. 예초기는 스승님이 빌려주시기로 했다. 스승님은 작업복, 장갑, 장화, 그리고 풀잎 같은 게 눈에 들어가지 않도록 얼굴을 지켜줄 보호대를 준비하라고 말씀하셨다. 지금이라면 그게 '안면 보호대'라는 걸 알지만 그때 난 완전 초짜. 양봉인들이 쓰는 흰 망을 공구점에서 사왔다. 거울을 보았다. 도무지 어울리지 않았다. 얼간이 초짜 농부의 첫 데뷔다.

내가 어떻게 농사를 짓는지를 아사히신문에 6개월간 연재하기로 했다. '알로하셔츠를 입고 모내기를 해보았습니다'라는 제목을 붙였다. 농담 삼아 편집자에게 이야기한 건데 어쩌다 보니 또 이런 장난스러운 제목이 통과되고 말았다. 왜 '알로하셔츠'를 입고 모내기를 하는 거지? 알로하셔츠가 아니면 안 되는 거야? 연재가 시작되자 이런 질문들이 쏟아졌다.

사실 알로하셔츠를 입지 않으면 안 될 이유 같은 건 없다. 아니, 오히려 더 불편한 게 사실이다. 일반적으로 다른 농부들을 보더라도 모두 프로페셔널하게 상하의가 붙은 일체형 작업복이나 '몸뻬', 우비 같은 수수한 작업복을 입는다. 그렇지만 나는 알로하셔츠를 입고 모내기를 해야만 한다. 내 스타일을 바꾸지 않겠다는 점도 이 프로젝트의 아주 중요한 포인트기 때문이다.

나는 여름이면 늘 알로하셔츠를 입고 다닌다. 회사에 갈 때도(별로 자주 가진 않지만), 정치인이나 경제계 인사를 취재할 때도 늘 알로하셔츠 차림이었다. 그렇다고 알로하셔츠에 특별한 취향이 있는 건 아니다. 수집 취미가 있는 것도 아니다. 내가 갖고 있는 알로하셔츠들은 모두 싸구려다.

어쩌다 보니 몇 해 전부터 여름이면 알로하셔츠를 입게 되었다. 건들거리는 중고생들의 심벌인 알로하셔츠에 노스탤지어랄까, 낭만이랄까, 그 시절 숨어 있던 일종의 동경 같은 것이 남아 있었는지도 모른다. 그 셔츠에 그물 샌들 조합이라는 덜떨어진 양키 스타일. 가만히 생각해보면 '난 이런 인간입니다. 거친 사람이니 알아서 하시오' 하는 유치한 선언 같다. 그렇지만 패션이란 원래 그런 거다. 심벌로서의 기능.

알로하셔츠는 글쟁이로서 내 '작업복'인 셈이었다. 그렇다면 농부건 어부건 사냥꾼이건, 내 스타일로 밀어붙이겠다. 다시 반복하지만 이 시도는 글쟁이로 계속 살아가자는 것이 그 취지니까. 내가 좋아하는 일을 놓지 않으면서 이런 시대를 살아남겠다, 내 뜻에 맞지 않는 글은 쓰지 않겠다, 그러기 위해 아침 한 시간만 농사를 지어 식량을 확보하겠다는 계획이다.

시골 생활을 낭만적으로 꿈꾸는 녀석들은 친환경이니, 로하스니, 슬로우라이프 같은 단어를 입에 올린다. 인생 50년, 내 삶이 슬로우였던 적은 없다. 시골에 살며 농부가 된다고 근본을 바꿀 수 있나. 내 스타일은 무너뜨리지 않겠다.

스타일은 아무래도 상관없다? 스타일이야말로 전부다. '멋지다'라는 것은 가볍게 던질 수 있는 말이지만, 절대 하찮게 여겨선 안 되는 문제다. 내 알로하셔츠가 객관적으로 멋진지 아닌지는 여기서 전혀 중요하지 않다. 내가 멋지다고 생각하면 그뿐. 그걸로 충분하다.

대도시에서 뼈 빠지게 일하느라 인생이 피폐해진 젊은이들에게 얼터너티브한 삶, 또 다른 삶의 방식도 있다고 제시하고 싶다. 이때 바른 삶, 착한 삶이 여기 있습니다, 라고 하는 정도로는 약하다.

플라톤은 이상적인 세계는 '진선미(眞善美)'를 갖춘다고 했다. 무슨 뜻일까. 결국 '옳은 것(진眞)'과 '좋은 것(선善)'만으로는 안 된다는 의미다. '미(美)'가 결정적으로 중요하다. 내게 '멋진 것', '즐거운 것'이 아니면 아무리 옳거나 좋더라도 계속할 이유가 없다. 즐겁지 않으면 살아갈 수 없다. 멋지지 않으면 살아 있는 의미가 없다.

스타일이
전부다

얼터너티브 농부가 되겠다는 내 계획도 그게 '내핍 생활'이어선 안 된다. 글만 써서는 먹고살기 힘드니 내키진 않지만 진흙투성이가 되어 벼농사를 짓고 밥을 해결하겠다, 이런 발상이어서는 안 된다는 거다. 마지못해 한다면, 삭막한 도시 생활에서 버티는 것과 무슨 차이가 있겠나. 편하기만 하다고 계속할 수도 없다. '즐거워서' 하는 게 중요하다. 내 기준에서 이야기하자면, 멋지지 않으면 할 의미가 없다.

그래서 나는 알로하셔츠를 벗지 않았다. 논에서 흙투성이 알로하셔츠 차림은 눈에 띄고, 비웃음을 살 수도 있고, 다른 사람들이 싫어할지도 모른다. 공구점에서 농사용 작업복을 사 입는 게 가장 무난할 것이다. 그렇지만 물러설 수 없다. 고집을 부렸다.

앞에서도 살짝 언급했지만 '알로하셔츠를 입고 모내기' 정도가 아니다. '포르쉐를 끌고 모내기'도 있다. 논에 나갈 때는 포르쉐를 몰고 갈 작정이었다. 이런 허세에 독자들이 등을 돌릴지도 모르겠다. 아, 잠깐만. 잠깐 기다려주시라. 내 말을 좀 더 들어보시라.

나는 차에 통 관심 없는 사람이었다. 운전도 귀찮아하고 싫어한다. 특히 도시에서는 승용차가 필요 없다고 생각한다. 시부야에 있는 본가에서 쓰키치에 있는 신문사까지 13킬로쯤 되지만 자전거로 출퇴근했다. 그런 의미에서 차는 내 적이기도 했다. 택시, 트럭, 자가용…. 도시의 운전자는 다들 지나치게 조바심을 낸다. 차가 밀리기 때문만은 아니다. 생활고나 가정불화, 구조조정의 두려움, 불안을 떨치지 못한 채 운전대를 잡는다.

도시에서 자동차로 출퇴근한다는 건 그처럼 1년 내내 초조해

하는 운전자와 목숨을 걸고 함께 달려야만 한다는 뜻이기도 하다. 난폭하게 클랙슨을 울리기도 하고 바짝 붙어 겁을 주기도 한다. 몇 번이나 말다툼이 있었는지 모른다. 차는 적이다. 이 세상에서 아예 사라지면 좋겠다는 생각마저 했다.

무라카미 하루키가 시들해진 것도 그가 고급 승용차를 몰고 다니면서부터다. 《세상의 끝과 하드보일드 원더랜드》즈음까지만 해도 그는 차를 싫어하지 않았던가? 그 마지막 명장면, 주인공은 허름한 국산 렌터카 안에서 밥 딜런을 들으며 죽어갔다. 그 무렵 무라카미 하루키는 '설날이면 도쿄에서 차가 사라지기 때문에 나처럼 걸어 다니는 사람에겐 조용하고 공기도 깨끗하다'라며 깔끔한 에세이까지 썼다. 그런데, 인기 작가가 되었다고는 하지만 '차는 역시 오픈카'라느니 하는 쓸데없는 칼럼을 써서 정나미가 뚝 떨어져버렸다.

뭐, 남 얘기는 그만두자. … 그랬던 네가 포르쉐 오픈카를 몬다고? 창피한 줄 알아야지! 이런 핀잔을 들어도 할 말이 없다.

"요즘 아사히신문을 바라보는 사람들의 눈이 엄격하니까, 외제차 같은 건 당치도 않아. 경차나 한 대 알아보라고."

지방으로 간다는 결정을 내리고 좀 기분이 처졌던 내게 상사는 이렇게 말했다. 뭐 그렇다. 지역에서 받아들여주지 않으면 아무것도 할 수 없다. 논도 빌릴 수도 없을 테고 농사를 가르쳐줄 농부도 찾지 못한다.

만일 그런 상황에서 끝까지 고집해 '멋'을 부리면 어쩌자는 거냐. 친해져야 한다, 녹아들어야 한다, 나를 바꿔야 한다, 수수하게 보여야 한다…. 기분이 더 가라앉았다.

아니다. 그건 안 된다. 내 스타일은 바꿀 수 없다. 농사는 어디까지나 수단. 목적은 글쟁이로 살아가는 것. 장난스럽고 덜렁거리며 좀 요란스러운 내 '스타일=문체'를 바꿔야 할 지경이라면 농촌 생활은 아무 의미가 없다.

생각을 그렇게 고쳐먹고 충동 구매한 포르쉐. 중고는 생각보다 싸서 국산 새 차보다 훨씬 저렴했다. 자가용이 없는 생활을 20년 이상 했으니 그동안 이산화탄소를 덜 배출했다. 교토의정서를 생각하더라도 이 정도 호사는 누려도 괜찮으리라.

시작은
잡초 제거부터

알로하셔츠를 걸치고 포르쉐를 모는 농부. 스승님이 웃으셔도 포기할 생각 없는 '얼간이 스타일'로 일단 잡초 제거부터 시작이다. 3년이나 농사를 짓지 않고 내버려둔 논은 잡초가 제멋대로 자라나 있었다.

이사하야 시의 이모리라는 마을은 바로 옆에 다치바나 만이 있고 야트막한 산도 가까이 있다. 작은 논이 산을 따라 층층이 자리 잡은 전형적인 다랭이논이다. 이곳 논을 60평쯤 빌렸다.

스승님한테 빌린 예초기를 짊어졌다. 여름이면 개울가에서 풀을 베는 그 기계다. 먼저 시동 거는 방법을 가르쳐주셨다. 초크 밸브를 올린 다음, 시동 손잡이를 힘껏 잡아당긴다. 엔진이 걸리면 오른손으로 속도를 조정하며 오른쪽에서 왼쪽으로 풀을 쳐내듯 깎는다.

보기엔 간단하지만 농기구는 다 마찬가지다. 편해 보여도 요령을 익히기란 어렵다. 게다가 나는 어쨌든 요령 없기로 유명한 인간 아닌가. 주말 캠핑이나 공방 같은 것과도 거리가 먼 삶을 살아왔다.

시동을 걸고 풀 밑동을 향해 마구 돌아가는 예초기 칼날을 들이

대 잡초를 베는데, 쉽게 베어지지 않는다. 오른쪽에서 왼쪽으로 풀을 베어야 했다. 그러지 않으면 잡초가 한곳에 모이지 않기 때문에 바로 스승님이 호통을 치셨다.

회전하는 칼날이 왠지 내 발을 자를 것 같아 자꾸만 칼날이 내게서 멀어졌다. 그러니 허리가 쭉 펴지지 않았다. 허리가 구부정했다. 어정쩡한 자세, 평소 쓰지 않던 근육을 썼다. 키는 큰데 허리를 구부리자니 점점 힘들어진다. 등을 젖히고 허리 근육을 쭉 펴고 싶지만 스승님이 뚫어지게 지켜보고 있기 때문에 그러지도 못했다. "벌써 지쳤나?" 하고 깔볼까 봐 티내고 싶지 않았다.

스승님이 다른 곳으로 고개를 돌리는 틈을 노려 잠깐 허리를 폈다. 이렇게 메마른 땅에도 작은 개구리가 폴짝폴짝 뛰어다닌다. 에잇, 징그러운 놈. 예초기 칼날로 쳐줄까 했지만 그러면 더 징그러운 꼴을 보게 될 것 같아 그만두었다.

채 한 시간도 되지 않아 60평 논을 뒤덮었던 무성한 잡초가 깔끔하게 제거됐다. 시야가 탁 트인다. 기념할 만한 농부 데뷔, 겨우 무사히 끝냈다.

첫날은 좀 긴장했지만 스승님과 수다를 떨 여유가 차차 생겼다. 스승님은 농사짓는 집안의 다섯 형제 가운데 중간. 다른 형제는 모두 외지에 나가 일한다고 했다.

"스승님은 왜 농사를 물려받으셨습니까?"

"글쎄, 우리 아버지가 이 녀석은 외지에 나가 먹고살기 힘들겠지 생각하셔서 그렇게 된 거 아닐까?"

스승님은 꽤 말썽꾸러기였던 모양이다. 고등학교 때는 툭하면 어머니가 학교에 불려갔다고 한다. 키는 작지만 근육질이고 다부지다. 67세로는 보이지 않을 만큼 혈색이 좋다.

이튿날 아침에도 오전 8시에 논으로 달려갔다. 전부터 이른 아침에 원고 쓰는 생활을 해왔기 때문에 일찍 일어나기는 힘들지 않았다. 하지만 먹는 밥이 곱절로 늘었다. 집에서 출발하기 전에 꾹꾹 눌러 담은 고봉밥을 다 먹고 가지 않으면 도저히 견딜 수 없었다. 중고생 사내놈처럼 먹어치우는 쉰 살.

논가 옆 작은 초등학교 앞에 차를 세우면 〈1학년이 되면〉이라는 합창이 들려온다. 초등학교 입학식 날 보았던 것 같은 푸르른 하늘. 벚꽃이 활짝 피었다. 야트막한 산의 나무들이 파룻파룻 싹을 틔우는 중이다. 그림으로 그린 듯한 시골 풍경. 자, 나도 입학식이다.

갈퀴로 어제 벤 잡초를 긁어 한데 모았다. 팔뚝 이두박근을 간만에 심하게 썼다. 이내 땀에 흠뻑 젖었다. 그러고 있는데 차 한 대가 섰다. 땅 주인의 아드님이 인사하러 온 것. 정중하게 몇 번씩 고개를 숙였다.

"다행입니다. 풀베기만이라도 제가 해야 하는 건데… 이웃 땅 주인들은 괜찮다고 하셨지만 벌레가 들끓어 죄송했어요. 다행입니다."

송구스러운 쪽은 나. 완전히 새내기라 불안하기도 할 텐데 선뜻 빌려주고 임대료도 받지 않는다니. 그렇지만 젊은 도련님이 기뻐하는 것도 일리가 있다. 그는 매일 이웃 도시에 있는 요릿집으로 일하러 간다. 농사를 지어서는 먹고살 수 없기 때문이다. 그렇다고 논을 그냥 내버려둘 수도 없다. 잡초가 잔뜩 자라면 해충이 생겨 논농사를 짓는 이웃 농가에게 민폐가 되니까. 그러니 내심, 내가 실패하건 어쩌건 논농사를 짓겠다는 것만으로도 반가울 것이다.

친환경은
환경에 진짜 친화적일까

스승님 말씀대로 깎은 잡초는 한곳에 쌓아두었다. 오늘은 잡초를 이대로 말리고, 하루가 지난 뒤 태워서 흙에 깔아 비료로 쓴다. 그렇다. 풀은 귀중한 비료다.

이야기는 지금으로부터 300년 이상 거슬러 올라간다. 17세기 에도시대에 일본은 인구가 폭발적으로 늘었다. 오랫동안 계속되던 전란이 끝나고 농민이 농토를 열심히 개간하자 쌀을 많이 거두게 되었다. 많은 인구를 지탱할 수 있는 식량 생산이 가능해진 것이다. 옛날 지도 같은 걸 보면 쉽게 알 수 있다. 헤이안시대(8~12세기)에는 그냥 황무지였던 곳이 에도시대(17~19세기) 지도를 보면 논 표시로 바뀌었다.

이때 비료가 매우 중요한 역할을 했다. 에도시대에는 베어낸 풀을 논밭에 깔아 퇴비로 삼는 농사법이 절정에 이르러 전국 쌀 생산량이 비약적으로 늘었다.

베어낸 풀을 퇴비로 이용하는 방법은 야요이시대(기원전 3세기~기원 후 3세기 중엽)부터 쓰던 오래된 방식이다. 모내기를 하기 전, 산에서 풀을 베어 논에 깔아 비료로 만든다. 그 풀을 베기 위해, 논이 한 마지기라면 그 열 배나 스무 배까지 되는 면적의 산과 들에서 풀을 베어야만 했다고 한다.

많은 풀을 확보하기 위해 산에도 손을 댔다. 온대 지역인 데다 비가 많은 일본에서는 산을 그냥 내버려두면 이내 소나무가 자라나 숲이 된다. 그래서 나무와 풀을 자주 베어야 했다.

인간의 농사 때문에 산의 모습이 강제적으로 바뀌어온 셈이다.

또 그 때문에 산사태가 나기 쉬워져 에도시대에는 각지에서 산사태 피해, 수해가 자주 일어났다.

내가 하고 싶은 말은, 풀을 이용하는 자급자족 비료가 얼핏 생각하기에는 '지구에 좋다'고 여길 농법이지만, 그게 인간의 농사인 이상 지구에 부담이 된다는 사실에는 변함이 없다는 것이다. 만약 일본인 모두가 먹을 쌀을 이렇게 풀을 비료로 해서 재배한다면, 지금보다 더 많은 산에 손을 대고 나무를 베어야만 할 것이다. 풀잎만 비료로 쓰는 친환경 농법을 전 지구적인 규모로 하기 시작하면 순식간에 친환경이 아니게 된다.

논에서 화학비료를 쓸 것인가, 전혀 쓰지 않을 것인가. 생각은 저마다 다르고 선택도 다르다. 중요한 점은 농업이 '사람이 짓는 농사'인 만큼 '지구에 좋다'는 말은 우스갯소리에 지나지 않는다는 사실이다. 비교의 문제에 불과한, 정도의 차이라고나 할 이 점에 대해서는 다음 장에서 다시 생각해보기로 하자.

아무튼, 한곳에 모은 풀을 하루 말려 태운다. 아직 덜 마른 풀도 있지만 힘 좋은 가스버너로 태운다. 불놀이다. 들판에서 뭔가를 태우는 일은 왠지 신난다. 옛날 어렸을 때는 위험한 놀이였지만 이제는 어른이 되었다. 당당하게 놀이를 즐길 수 있다.

30분 만에 작업이 끝났다. 온몸에서 연기 냄새가 난다. 잡초를 태워 비료를 만들었다. 드디어 내일은 '논갈이'를 한다.

초짜 농부를
가르치는 법

잡초를 베어냈지만 그 줄기와 뿌리는 땅에 뿌리박고 있어 도무지 논으로 보이지 않았다. '테일러'라고 불리는 경운기로 흙을 갈아엎는다. 철자가 'tiller'이니 실은 '틸러'라고 발음해야 맞을 것이다. 그렇지만 이곳 이모리에서는 그렇게 발음하면 아무도 알아듣지 못한다. 농부들은 모두 '테일러'라고 부른다.

몇 해 동안 내버려둔 땅이라 흙을 여러 차례 뒤집어 가스를 뺀다. 내 논은 아주 좁기 때문에 사람이 타는 경운기는 들어가지 못한다. 손으로 잡고 조종하는 소형 경운기를 써야 한다. 스승님이 농기구를 보관하는 컨테이너로 가서 소형 운반차를 꺼냈다.

테일러를 얹어 논까지 가지고 가야 하는데, 이 운반차 운전이 생각보다 어렵다. 탱크처럼 캐터필러▪가 있는 '크롤러(crawler)'라는 녀석이다. 우선은 클러치를 끊어 놓고 초크를 당긴다. 그리고 힘껏 스타터 끈을 잡아당겨 시동을 건다. 변속 레버를 저속 전진 모드로 넣고 출발한다. 와우 핸들 부분에 있는 사이드 클러치를 끊고 넣으며 나아갈 방향을 정한다. 완력으로 방향을 바꾸려고 해봐야 되지 않는다.

이런 걸 글로 적어봤자 이해하기 힘들 듯, 스승님에게 말로 설명을 들어도 이해가 되지 않는다. 직접 조작해보지 않으면 요령을 익힐 수 없다. 다행히 나는 변속기가 있는 오토바이를 탄 적도 있고 수동 승용차도 오래 몰아봤기 때문에 어렵지 않게 조작법을 익혔지만, 둘 다 경험이 없는 사람은 처음에 겁이 좀 날지도 모르겠다. 고장을 낼 것 같다고 해야 할까? 논에 처박을 것만 같다.

　뒤에서 차가 와 길가로 피하려고 하는데, 승용차 운전대를 조작하던 버릇이 나와 좌우를 착각해서 도랑에 빠질 뻔했다. 스승님이 깜짝 놀라 "클러치 끊고! 가속 페달 떼!"라고 외쳤다. 비틀비틀 간신히 운전해 논까지 왔다. 이제 이 테일러의 시동을 걸고 클러치를

▪ 체인으로 연결된 벨트형 바퀴.

넣고 끊으며 논을 갈아야 한다.

로터리 발톱이라고 불리는, 소용돌이 모양으로 돌아가는 금속 날을 회전시켜 딱딱한 땅을 뒤집는다. 로터리 바로 뒤에는 저항봉이 있다. 이 저항봉을 땅 쪽으로 내리거나 들어올리며 흙 파는 깊이를 조정한다. 핸들을 쥐고 누르면서 그 자리를 깊게 파야 한다. 핸들을 잡아 올리면 앞으로 나아간다.

스승님이 먼저 시범으로 논 가장자리를 갈아주셨다. 간단해 보여 빨리 시켜주면 좋겠다는 생각에 몸이 근질근질했다. 그런데 막상 해보니, 보는 것과는 완전히 달랐다. 전에는 소나 말로 논을 일구었단다. 흔히 '소걸음'이라는 표현을 쓰는데 소가 느릿느릿 나아가듯 일정한 속도로 테일러를 몰아야 가장 좋다.

하지만 3년이나 농사를 짓지 않았기 때문에 땅이 단단해서 일정한 속도로 나아가는 것 자체가 힘들다. 몇 번이나 같은 위치에 멈춰서서 논에 깊은 웅덩이를 만들거나 거꾸로 너무 빠른 속도로 지나치고 말아 논갈이가 제대로 되지 않는다. 땅을 고르게 갈 수 없다.

예전에는 소나 말을 부렸지만 기계를 다루는 요령도 기본은 마찬가지다. 승마를 몇 번 해본 적 있는데, 말은 타는 사람이 겁을 먹으면 얕잡아봐서 앞으로 나아가거나 멈추라는 명령을 듣지 않는다.

초보자라고 해도 야무진 태도로 말을 대하면 시키는 대로 달리고 걷고 멈춘다. 짐승에게 얕보이면 큰일이다. 기계도 마찬가지. 테일러 같은 장비에 얕잡힐 수 없다.

… 그런 줄이야 알지만 실제로는 얕잡히고 말았다. 기계가 제멋대로 움직인다. 아침에 고봉밥을 배불리 먹었는데 벌써 배가 고프다. 땀에 흠뻑 젖는다. 같은 부분을 여러 번 갈아야 했다.

조금 요령이 붙어 두 번째 돌 때는 흙이 부드러워진 덕분도 있지만 제법 내 뜻대로 테일러를 움직일 수 있게 되었다. 왠지 어엿한 농부가 된 기분. 스승님이 "그나마 좀 늘었군" 하고 칭찬해주셨다. 세 바퀴째 논갈이를 끝내고 논둑에 앉아 지켜보던 스승님을 바라보니 손을 머리 위로 들어 큼직한 동그라미를 그려 보이셨다. 합격이다.

뭐, 그래봤자 스승님이 시범 삼아 갈아준 부분에 비하면 내가 작업한 쪽은 초짜가 보기에도 엉성하다. 갈아엎은 흙덩이가 고르지 못했다. 내일도 이렇게 논갈이 작업을 해야 한다. 3년 동안 농사를 짓지 않았기 때문에 이틀 내리 논을 갈아주기로 했다.

그런데 스승님은 내가 초짜라고 해서 꼼꼼하게 챙겨주시지 않는다. 제초기든 크롤러든 먼저 슬쩍 시범을 보여주기만 할 뿐이다. 그다음에는 장비를 바로 내게 들이미신다. 내가 어깨너머로 본 요령에 따라 장비를 다루다가 잘못해도, 어지간히 위험하지 않는 한 일일이 바로잡지 않았다. 부담을 주지 않으셨다. 내가 생각하기에도 이상하다 싶을 정도로 말없이 지켜만 보았다.

그야말로 이상적인 스승님! 도시에서 온 괴짜가 얼마나 해낼지 솜씨를 한번 보자고 하는 생각도 있으셨을까? 어쨌든 딱 맞는 분을 만난 셈이다.

작업을 마치고 크롤러에 테일러를 싣고 스승님이 창고로 쓰는 컨테이너로 돌아왔다. 이 작업을 하는 데 한 시간이 조금 더 걸렸다. 게임 룰에 따르면 이제 농사일을 마치고 글쟁이로 돌아가야 할 시간. 스승님이 눈치를 채고 "이제 그만해도 되네, 나머지는 내가 정리하지"라고 하셨지만 그럴 수는 없었다. 결코 그럴 수 없다.

좁은 논이라고는 해도 기계를 쓰면 닳고, 연료도 조금은 들어간다. 그런데 스승님은 그걸 모두 공짜로 빌려주고 쓰는 법까지 가르쳐주신다. 내가 쓴 장비는 그게 아무리 가볍더라도, 설사 나무망치 한 자루라 해도 절대로 스승님께서 옮기게 해서는 안 된다.

"장비는 소중하게 다뤄야 하니까요."

이치로 선수 흉내라도 내듯 이렇게 말하며 망치와 곡괭이도 스승님 손에서 빼앗아 들고 창고까지 옮겼다.

스승님은 담배를 태우지 않았고 나도 열여덟 살에 끊었지만, 만약 스승님이 담배를 피우신다면 글쟁이는 항상 담배를 가지고 다녔으리라. 스승님이 담배를 꺼내시면 재빨리 지포 라이터로 불을 붙여드렸을 것이다. 그런 모습이 아무리 똘마니처럼 보인다 해도 상관없다. 나는 지금 이 세상에서 가장 서툰, 완전 초짜 농부라는 걸 잊어서는 안 된다.

한 방울의 물이라도
소중하다

다음 날 이틀째 논갈이. 한 번 해봤다고 논에서 움직이기 꽤 편했다.

"오늘은 자세가 제법 나오네."

스승님이 칭찬해주셨다. 감사합니다! 요령을 깨달았다. 손잡이 쪽을 바짝 당기고 등을 곧게 편 자세로 장비를 다루어야 한다. 소걸음과 같은 속도를 지킨다.

어제는 바짝 긴장했지만, 오늘은 주변 산을 둘러볼 여유가 좀 생겼다. 새싹이 돋는지 연두색으로 빛났다. 휘파람새가 목청껏 지저귄다. 산이 숨 쉬고 있다. 4월의 산과 들은 현기증이 날 만큼 아름답다. 느긋하게 논을 갈았다.

모래는 물결 모양의 플라스틱 물막이 판을 박는 작업에 들어가기로 했다. 논농사에서 가장 큰 걱정은 '물'이다. 야트막한 산기슭에 있는 다랭이논이라 트랙터도 들어갈 수 없을 만큼 좁다. 그러니 농업용수 같은 걸 쓸 수가 없다. 여기서 기댈 수 있는 물이라고는 쉴 새 없이 산에서 흘러내리는 샘물뿐. 그런데 그 샘물이 문제다. 내 논에 충분한 물을 댈 수 있을지 의문스러운 상황이다.

논 옆으로 콘크리트 도랑이 지나간다. 산에서 내려오는 물이나 빗물이 그리 흐르는데, 아무래도 이 도랑을 흐르는 물을 두고 서로 다투게 될 가능성이 없지 않은 듯하다. 자세한 사정은 뒤에서 설명할 테지만, 물을 두고 다투어야 할 상대가 있다. 그런데 그 상대가 만만치 않은 모양이었다.

이 도랑을 지나는 물과 다른 방향에서 들어오는 물이 있다. 산에서 자연히 배어나는 물이다. 돌울타리 아래에서 배어나는 물이라 남들로부터 간섭받지 않고 쓸 수 있다. 하지만 '배어난다'고 표현할 정도로 아주 적은 양이다. 제대로 잠그지 않은 수도꼭지에서 물방울이 똑똑 떨어지는 정도라고나 할까? 그래도 24시간 365일, 하루도 쉬지 않고 1년 내내 나온다. 그걸 다 합치면 상당한 양이 되지 않을까. 돌울타리에서 물이 배어나는 자리를 잡아 내 논까지 삽으로 물길을 냈다. 물길을 만들고 가만히 수면을 들여다보고 있자니 분명히 아주 조금씩이지만 물이 흘러드는 듯했다. 이렇게 모은 귀중한 물이 논에서 빠져나가지 않도록 논에 파도 모양을 한 플라스틱 판을 둘러쳐야 한다.

스승님이 시킨 대로 근처 농협에서 물결 모양의 플라스틱 판을 40장 주문했다. 10장 세트에 2,980엔. 농기구 파는 가게에서 삽도 사두었다. 곡괭이는 스승님이 빌려주기로 했다.

그런데 이게 1년 농사 가운데 둘째가라면 서러울 만큼 고된 작업이었다. 플라스틱 판을 박기 위해 논 둘레를 따라 폭 20센티미터 정도 되는 구덩이를 파야 한다. 논 둘레는 대략 50미터쯤. 흙이 딱딱한 곳은 먼저 곡괭이로 찍은 다음 삽으로 판다. 이게 무지하게 힘들다. 허리에서 우두둑거리는 소리가 난다. 팔뚝도 아프다. 제일 아픈 부분은 아래팔. 손아귀에 힘을 줄 수가 없다.

"농사일이 그렇게 고된 거야."

스승님이 웃었다. 막노동 아르바이트라면 고등학교 다닐 때 한 적이 있다. 하지만 쉰 살 넘어 다시 곡괭이를 휘두르고 삽질을 해야 할 줄은 몰랐다. 온몸이 땀으로 흠뻑 젖었다. 작업을 하다 보면 바지가 물에 젖어 오줌이라도 싼 것처럼 보인다. 하지만 햇볕이 따가위 일을 마치고 돌아갈 무렵이면 완전히 말라 삽에서 마른 흙먼지가 날렸다. 볼품없는 모습이기는 매양 마찬가지다.

농사일을 마친 뒤에는 근처 공원으로 가서 수돗물을 틀어 고무장화와 삽에 묻은 진흙을 닦고, 물을 머리부터 뒤집어 써 땀을 씻는다. 그다음에는 본업인 글쟁이 일을 한다.

공원에는 아침 일찍부터 무선 조종 비행기를 가지고 노는 아저씨들이 나와 있었다. '못 보던 얼굴인데 누구지, 저 얼간이는?' 하는 눈길을 보냈지만 전혀 신경 쓰지 않았다.

노동을 한 뒤에 하는 샤워는 무엇과도 바꿀 수 없다. 근육 운동 뒤에 하는 샤워보다 농사일을 마친 뒤에 하는 세수가 훨씬 상쾌하다. 글쟁이 일이 끝난 밤, 몇 년 만에 처음으로 푹 잤다. 눕자마자 곯아떨어졌다.

일의
재미와 의미

한 구덩이를 며칠째 계속 파고 있었다. 그런데 스승님이 "아니야, 역시 이쪽이 낫겠군. 다시 파게"라는 게 아닌가. 이럴 수가! 기를 쓰고 판 구덩이를 도로 메우고, 다른 쪽에서 처음부터 또 다시 판다. 이거 혹시 날 고문하려는 건가?

폴 뉴먼이 나온 영화 가운데 〈폭력 탈옥〉이 있다. 아무리 의지가 굳은 반항아라고 해도 의미 없이 육체를 혹사하는 작업을 끝없이 반복시키면 결국 꺾이고 만다. 폴 뉴먼이 연기한 죄수도 같은 곳을 판 뒤 도로 메우는 고문을 당했다. 그리고 마침내 무너지고 만다. 교도관들의 노예가 되고 마는 것이다. 인간은 의미 없는 노동을 견뎌내지 못하는 존재다.

물론 이건 의미 없는 노동은 아니다. 그래서 힘들지만, 하면서도 즐겁다. 풀을 베고 땅을 뒤엎고 흙을 잘게 부순 다음, 새로 산 물결 모양 플라스틱 판을 둘러치니 하루하루 그럴 듯한 논으로 변해간다. 내가 싸우는 전쟁터를 보는 일은 유쾌하다.

"그래, 채소건 뭐건 다 그런 거야. 자기 손으로 키우면 점점 예뻐 보여."

며칠 뒤, 그간 고생해서 판 도랑에 물결 모양 플라스틱 판을 쭉 세워놓았다. 그다음엔 나무망치로 플라스틱 판 머리를 콩콩 두드려 땅에 박아야 한다. 그 작업을 하고 있는데 땅 주인집 아들이 나타났다. 스승님이 "어? 잔소리 심한 지주가 나타났군" 하고 놀려댄다.

"번듯해졌군요. 역시 재주가 있는 분이 하시니 다르네요"라며 주인집 아들이 칭찬했다. 재주가 있다는 소리를 들어보기는 난생처음이다. 뭘 하든 엉성했으니까.

플라스틱 판 박기는 정말 고됐다.

"논농사에서 가장 고된 일은 뭔가요?"

스승님에게 묻자 모내기가 가장 힘들다고 하신다. 진흙 논에 들어가 일하기 때문에 작업 강도가 차원이 다르단다. 진짜? 이 플라스틱 판 박기보다 더 힘들다고?

"이쯤에서 그만둘 텐가?"

스승님이 심술궂게 씩 웃었다. 아, 그럴까요? 하며 그만둘… 수야 없지.

언론사 놈들이 쪼르르 몰려와

똑같은 소리만 자꾸 물어대지

하지만 난 이 더러운 세상을

흔들고 싶어

'아, 그렇습니까?'라며

적당히 대꾸하는 거야

아, 또 잠 못 이루는 밤이 오네

스스로 선택한 길이라고는 하지만

그러나 여기서

그만둘 수는 없지

— 티어드롭스(TEARDROPS), 〈시간 이동 할 수 있다면〉

5. 하기 싫은 것을 하지 않고 살아갈 자유

6월, 드디어 모내기가 가까워졌다.
농사 초반에 맞이한 최대의 고비.

해야 할 일이 너무 많아 몸이 몇 개라도 부족하다.
프로 농부처럼 하루 종일 논에서
일할 수 있다면 모르겠다.

하지만 매일 딱 한 시간만 논에 들어간다는 게 이 게임의 규칙.
룰을 엄격하게 지키지 않는 게임은 재미없다.

나는 산기슭 60평짜리 좁은 다랭이논에서
손으로 모를 뜯어 심는다.

이걸로 1년 먹을 쌀을 얻을 수 있다는 건가?
마술 같다는 생각밖에 들지 않는다.
땅이 내 배를 불려준다.

얼간이 초짜 농부의
신고식

잡초 베는 일부터 시작해 논을 갈고 도랑에 플라스틱 판을 박아 물길을 정리했다. 농사를 포기했던 땅이 점점 그럴듯한 논으로 변해가던 5월 초순. 여느 때와 마찬가지로 논일을 마치고 돌아가는 길에 농협에 들렀다. 드디어 논에 심을 볏모를 사기로 했다. 이제부터는 진짜 돌이킬 수 없다. 스승님은 6개를 사라며 먼저 가까운 농협 지점에 신청해야 한다고 하셨다.

"고시히카리로 주문할까요?"

쌀 품종이라고는 사실 이것밖에 모른다.

"멍청이, 지역마다 추천하는 쌀 품종이 달라. 여긴 히노히카리야."

설마 그런 것도 몰랐느냐며 어처구니없는 표정을 짓는 스승님. 뭐 늘 이런 식이다.

"그런데 6개라뇨? 무슨 단위로 6개를 사야 하는 거죠?"

"6개면 6개지. 창구에 그렇게 말하면 다 알아."

스승님은 이런 건 늘 정확하게 가르쳐주시지 않는다. 사람들에게 물어보는 것도 공부라고 생각하는 모양이다.

농협 지점이 어디 있는지는 차를 몰고 지나다니다 봐서 알고는 있었다. 하지만 내가 아는 것은 깨끗한 농협은행 건물뿐. 여긴가? 설마 여기서 볏모를 파는 건 아닐 테지? 아무리 멍청한 나라도 그쯤은 짐작할 수 있다. 그런데 달리 볏모를 팔 만한 건물이 보이지 않았다. 볏모 신청만 이 건물에서 받는 건가?

농협은행 문을 열고 들어섰다. 장화에 뉴욕메츠 모자, 진흙투성이 알로하셔츠를 걸친 얼터너티브 농부의 평소 패션 그대로다. 불안해서인지 필요 이상으로 목소리가 커졌다.

"볏모! 6개 주세요!"

단정하게 제복을 입고 앉아 있던 창구 여직원이 얼굴에 아주 큰 물음표를 띄우며 나를 바라본다. 당연하다. 이제 농협의 가장 중요한 업무는 금융 아닌가. 그런 도심 은행 창구에 진흙투성이 초짜 농부가 나타나 볏모를 내놓으라고 소리친 꼴이다.

"볏모요?"

"네, 볏모! 6개 주세요!"

여직원은 잠시 생각하더니 이렇게 알려주었다.

"아, 영농과 사무실은 이 뒤편에 있습니다. 창고 입구예요."

터져 나오는 웃음을 예의상 꾹 참는 표정이다. 젊은 여성이 내 덕분에 웃는다면 기쁜 일이다. 하지만 오늘은 그리 기쁘지 않다.

웃는 여직원을 뒤로하고 농협은행 뒤편으로 돌아가니 어두컴컴한 창고가 보였다. 그 어둠 속으로 들어가자 작은 사무실이 나왔다. 간판이 없어서 나처럼 처음 찾아오는 사람은 전혀 알아챌 수 없을 것 같았다. 뜨내기 손님이 올 일은 없으니 간판이고 뭐고 아무것도 붙여놓지 않는 것도 이해가 가기는 하지만.

나는 이래봬도 억지로 잘난 척하는 그런 사람은 아니다. 부끄러우면 얼굴이 새빨개지고 당황해서 어쩔 줄 모른다. 이번에는 영업과 창구에 앉아 있는 여직원에게 어색함을 숨기려고 또 필요 이상으로 큰 목소리를 냈다.

"벼! 6개 주세요!"

여직원은 조금 전 만났던 담당자보다 더 큰 물음표를 얼굴에 그렸다. 벼라니, 벼가 필요하면 결실의 계절 가을에 찾아와야지, 이런 뜻일까? 직원은 슈퍼마켓에 가서 쌀을 사라고 했다.

"저는 도쿄에서 왔거든요…. 아무것도 모릅니다. 벼농사를 짓고 있어요."

처량한 목소리로 설명하니 여직원이 바로 알아차렸다.

"아아, 볏모? 볏모를 6개만? 그거면 되나요?"

이제야 말이 통한다. 그때 안쪽에서 직원들이 재미있는 놈이 왔다는 표정을 지으며 우르르 몰려 나왔다.

"어디서 벼농사를 지으려고요? 가르쳐줄 사람은 있어요? 농기구는 어떻게 하시려고?"

질문 공세를 받았다. 내가 대답할 때마다 다들 어이없다는 듯이 웃는다. 하지만 나는 진지했다.

"대개 한 마지기에 볏모 20판을 쓰죠. 그러니 60평이면 모판 4개면 될 겁니다."

그렇구나. 그래도 뭐 어쨌든 내가 아마추어라 모내기 때 실수를 할 테니, 스승님은 넉넉하게 6개를 사오라고 하셨으리라.

돈보다 중요한
인맥의 힘

크게 창피를 당한 뒤에야 무사히 볏모 예약을 마쳤다. 그러던 어느 날.

"그런데 볏모 말이야, 그거 어떻게 가지러 갈 건가?"

스승님이 물으셨다.

"그야 차를 끌고 가야죠."

2인승 오픈카라지만 작은 트렁크도 있다. 한꺼번에 다 싣지 못하면 몇 차례 오가면 되겠지.

"멍청하긴, 차가 물웅덩이가 되고 말 텐데?"

스승님이 꾸짖으셨다.

도대체 볏모 한 판이라는 게 어떻게 생겼는지 본 적도, 들은 적도 없다. 나중에 알게 된 일이지만, 한 판이면 커다란 목욕 수건 한 장쯤 되는 넓이. 뿌리 부분은 당연히 물이 채워져 있다. 그러니 트렁크에 실어 옮기기는 곤란하다. 무엇보다 포르쉐를 끌고 모판을 받으러 가면 정신 나간 놈으로 여길 게 뻔하다. 역시 여기까지가 내 한계일까? 굳게 마음을 먹었지만 아무래도 지금이 물러설 때일지도 모른다.

"스승님, 경트럭으로 옮길 생각인데 어떨까요?"

이렇게 의논을 드렸더니 스승님이 깜짝 놀랐다.

"경트럭이라고…? 뭐, 그야 있으면 편하기는 할 테지만. 자네 올해만 농사를 지을 거 아닌가? 내년에도 벼농사 지을 거야? 흐음, 그러면 취재도 경트럭을 몰고 다니며 해야 할 텐데."

놀라기는 했지만 기쁘시기도 한 모양이었다.

"뭐 어쩔 수 없죠. 경트럭 몰고 찾아가면 상대편이 취재를 쉽게 받아들일지도 모르고요."

"그래? 그럼 거기에다 지카타비*에 각반도 두르고 가면 더 좋을 텐데. 이사하야 농협이라고 쓰여 있는 모자도 있을 거야. 그걸 구해 쓰고 말이야."

이렇게 한마디 보태며 히죽히죽 웃으셨다.

경트럭을 사는 문제가 현실로 닥치고 보니, 집에서 논을 오갈 때마다 중고차 판매점을 신경 써서 들여다보게 됐다. 어차피 쓰다 버릴 테니 싸면 쌀수록 좋겠지.

논 근처 길가에 이사하야의 명물이라는, 겨울철에 석화구이를

■ 일본 전통 버선 '다비'를 본떠 만든 것으로, 엄지발가락과 검지발가락 사이가 Y모양으로 갈라진 신발.

하는 오두막이 있다. 여름철에는 사람이 없어 장사를 하지 않는다. 그 가게 앞에 늘 경트럭이 한 대 세워져 있었는데, 앞 유리창에 전화번호가 적혀 있었다.

"이건 파는 건가? 대형 폐기물인가?"

어느 날 용기를 내 유리창에 적혀 있는 번호로 전화를 걸어보았다. 몇 차례 신호음이 울리더니 "아, 여보세요. 오시마입니다"라고 뜻밖에 표준어가 들려왔다. 왠지 예감이 좋았다. 이분이 오시마 중고 판매의 사장님이었다.

나중에 들은 이야기지만 사가 현 출신인데 연고가 있어 도쿄에서 20년이나 살았다고 한다. 전화 목소리 느낌이 좋았고, 어차피 나는 경트럭의 장단점 따위는 알지 못했다. 만나기로 약속을 잡으니 집으로 찾아와주겠다고 했다.

이튿날 애써 집으로 찾아온 사장님을 안으로 맞아들였다. 오시마 사장은 깜짝 놀랐다. 하기야 당연한 노릇이다. 거실에 있는 것이라고는 천장까지 닿는 책꽂이에 빼곡한 책, 책, 책. 그리고 오디오 세트에 LP 음반이 산더미처럼 쌓여 있으니 대체 이게 뭔가 싶었으리라.

"저어… 실례지만 무슨 일을 하는 분인지?"

당혹스러워하는 사장님에게 내 꿍꿍이를 털어놓았다. 나는 도쿄 출신이다. 농사는 지어본 적 없다. 글쟁이로 근근이 끼니를 때우며 용케 아직까지 굶어 죽지 않고 버텼는데 계속 살아남으려면 아침에 농사를 지어야 한다. 물론 나는 생초보라 스승님을 붙들고 늘어져 농사를 배우고 있다…. 구구절절 사정을 이야기하자 사장님도 무척 재미있어 했다.

"그렇다면 우리 농기구도 빌려드리리다. 형님이 목수인데 밭농사도 좀 짓죠. 가을부터는 석화구이 가게도 열고요. 그래서 형님에게 제 경트럭을 그 앞에 세워두겠다 부탁한 거죠."

얼핏 보기에도 아주 낡은, 마치 대형 폐기물 같은 경트럭인데 주행 거리는 역시 20만 킬로미터를 넘긴 차였다. 거의 폐차 직전 상태로 보였다.

"아니에요, 그렇지 않아요. 이 부근 농가에서는 20킬로미터쯤이야 아무렇지도 않게 타고 다닙니다. 걱정 마세요."

오시마 사장님이 자신만만하게 말했다. 논에 가려면 고개를 두세 개 넘어야 하는데 그게 좀 걱정스러웠다.

"내가 서비스로 타이어를 바꿔드리죠. 새것은 아니고 중고 타이어지만. 만약 고갯길을 넘다가 고장이 나면 내가 견인하러 달려갈 겁니다. 견인할 수 있는 대형 트럭도 가지고 있거든요."

안심하라는 말인지 불안해하라는 말인지 알 수 없는 소리를 했다. 차 가격은 10만 엔. 다른 중고차 전국 체인점에서 보았던 경트럭에 비하면 값이 절반도 안 된다.

하지만 이런 시골에서는 돈 문제보다 인간관계가 더 중요하다는 사실을 붕어만큼 멍청한 나도 요즘 깨닫기 시작했다. '형님도 겸업 농가'라는 이 사장님과 친하게 지내면 손해 볼 일은 없을 듯했다. 그래서 결정했다.

'쓸데없이
돈 쓸 일 없어'

자동차보험 20,6370엔, 자동차 중량세와 인지대 8,800엔, 등록 수수료 1,100엔, 검사 대행료 5,000엔, 배기가스·헤드라이트·측정 조사 등 1만 엔, 법정 수수료 350엔, 번호판 비용 1,620엔, 소비세 1,200엔, 합계 5만 4,440엔. 차 본체 가격 외에 5만 4,400엔이라는 비용을 오시마 사장님에게 먼저 내고 경트럭을 주문했다.

서비스로 중고 타이어를 교체해 바로 가지고 온 내 경트럭. 외관은 참으로 허름하다. 처음에는 조심스럽게 몰았다. 하지만 역시 세계적으로 뛰어나다는 평을 듣는 일본 자동차 제조사 아닌가. 20만 킬로미터를 넘게 달렸지만 여전히 현역이다. 차가 잘 나간다. 오히려 이제부터 엔진이 제대로 성능을 발휘할 때 아닐까? 듣기 좋은 엔진 소리, 타이어 빠득거리는 소리를 내며 씽씽 달린다.

휠 스핀*을 마치면

오늘밤도 새티스파이(satisfy)

요코하마 긴바에**는 이렇게 노래했다. 이 그룹을 안다면 나이를 가늠할 수 있다.

고갯길, 낮은 산에 부딪힐 듯한 기세로 커브를 돌며 매일 이른 아침 논으로 출근하게 되었다. 상쾌한 기분이다.

나의 첫 경트럭을 자랑스럽게 선보이자 스승님은 꼼꼼하게 살피더니 말씀하셨다.

"이거를, 10만 엔에 샀다고? 흐―음. 이거 10만 엔이나 줘도 돼?"

"안 되나요?"

"안 될 거야 없지만…. 참 측은한 녀석이로군."

■ 멋을 부리거나 사람들의 이목을 끌기 위해 바퀴를 공회전시키는 일.
■■ 1980년에 데뷔한 일본 로큰롤 밴드. 그즈음 유행했던 폭주족을 비롯한 젊은이들에게 인기를 모았다.

분명히 이 부락의 인간관계에 더 익숙해지면 이 정도의 경트럭은 공짜로 손에 넣을 수 있을 것이다. 폐차하기로 했어도 돈이 든다. 사장님도 아마 이 경트럭은 공짜로 손에 넣었을 게 틀림없다. 시간을 들이기만 하면 그런 방법도 있었을 거라고, 지금에 와서는 생각한다. 뭐 첫해니 어쩔 수 없다.

스승님이 시킨 대로 짐칸에 비가 들이치지 않도록 철물점에서 트럭 시트를 사다가 짐칸에 두르고 굵은 고무 끈으로 고정했다. 시트는 비스듬하게 쳐서 비가 고이지 않도록 해야 하며, 배의 용골처럼 안에 세우는 버팀목은 산에서 적당한 길이의 나무를 골라 베어와 끈으로 묶으라고 하셨다.

될 수 있으면 돈이 들지 않는 쪽으로 경트럭을 더 쾌적하게 꾸몄다. 처음에는 초짜 농부의 경트럭이었지만 차츰 프로 농부가 타는 차로 바뀌어갔다. 비결은 스승님이 입버릇처럼 내뱉는 한마디. "쓸데없이 돈 쓸 일 없어." 이 정신이 가장 중요하다.

요즘에는 철물점에 가면 농사용 도구들을 쉽게 구할 수 있다. 농촌 지역으로 갈수록 더 많은 종류를 갖추고 판다. 하지만 일에 익숙한 농가일수록 그런 '상품'을 쓰지 않는다. 손으로 만든 도구나 산에서 가져온 재료를 이용해 직접 만들어 쓴다.

뒤에서도 설명하겠지만 농작물을 수확한 뒤에는 햇볕에 말리는데, 이때 쓰는 가느다란 나무로 만든 받침대나 끈, 그리고 물을 채운 논에서 물 위로 솟아나온 흙을 깎아 평평하게 고를 때 쓰는 써레. 이 모든 것들이 스승님의 아버님께서 직접 만들어 쓰던 것을 물려받았다고 한다.

이런 농가들은 함부로 돈을 쓰지 않는다. 뭐랄까 '돈이면 다 된다'는 시대정신은, 논에서는 나태한 사고방식일 뿐이다. 내친김에 한마디 더 하자면 '돈이면 뭐든 할 수 있다'는 생각은 자본주의에 세뇌된 결과다.

"돈으로 살 수 없는 것은 없다"는 헛소리를 지껄이며 시대의 총아로 추앙받던 부자가 예전에 그런 소리를 주절대기는 했지만(호리에몬ᵇ이라는 녀석이던가) 그가 남긴 어록이 세상을 놀라게 할 정도는 아니었다. 독특하지도 않고 신기할 것도 없는 발언이다.

그건 머리를 쓰지 않는 녀석들이 늘 지껄이는 소리다. 그저 세뇌당해(혹은 남을 세뇌하려는) 잔뜩 불어터지고 비대해진 뇌의 전형적인 사고방식이다. 뭐든 돈으로 해결한다는 것이야말로 자본주의를 살찌우는 데 반드시 필요한 행동양식이기 때문이다. 자본이 우리들

■   일본의 사업가이자 투자자, 저술가, 탤런트인 호리에 다카후미의 별명.

에게 필사적으로 들이밀며 어렸을 때부터 익히고 외우라고 세뇌시 켰던 사고방식인 것이다.

등가교환이라는 착각

자본주의라는 '괴물'이 커지기 위해 절대적으로 필요한 두 가지 먹이가 있다. 노동자와 소비자다. 인터넷 기업과 패션 분야, 외식 산업 등에서 이름난 기업 가운데 이직률이 매우 높은 블랙기업들이 많다. 그래도 '달리 일자리가 없어서'라고 포기한 채 일하는 사람들, 스스로 생산할 수 있는 수단을 지니지 못한 무산 노동자, 도시에서 저임금에 시달리며 노동조합도 결성하지 못하는 노동자, 그들 없이 대기업은 존재하지 못한다.

또 한 가지. 그냥 노동자여서는 안 된다. 동시에 소비자여야 한다. 패스트패션￭을 걸치고 쇼핑은 인터넷으로 더 싸게, 식사는 그때그때 간편식으로. 의식주를 조달하기 위해 또 월요일부터 묵묵히

￭　최신 유행을 빠르게 반영한 디자인과 저렴한 가격을 특징으로 하는 패션.

일한다. 결국 자본주의에는 '노동자 → 소비자 → 노동자'라는 영원한 순환 고리가 반드시 필요하다는 소리다.

자본주의가 써먹는 속임수는 철저하게 노동자로부터 자본이 착취하는 것이어야만 한다는 게 포인트다. 노예나 농노, 강제로 일하도록 시키는 부역, 공납 같은 것이어서는 안 된다. 노동자는 자본가에게 자신의 노동력을 판다. 이 과정에는 속임수가 없다. 아무리 형편없는 조건인 비정규직이라 해도 노예 노동은 아니다. 어디까지나 양측이 합의해 계약을 맺어 이루어지는 노동력과 임금의 '등가교환'이다.

이 교환을 통해 임금을 받은 노동자는 그 돈으로 자본이 파는 생산물을 되산다. 또 한 차례 등가교환이 이루어지는 것이다. 따라서 노동자는 동시에 소비자인 셈. 유니클로 옷이나 나이키 신발 같은 생활필수품을 사는 소비자는 그 상품을 생산한 노동자라는 점이 결정적으로 중요하다.

1929년 뉴욕 증권거래소에서 시작된 대공황으로 1930년대에 들어 세계는 불황의 태풍에 시달리고 있었다. 지나치게 많은 물건을 생산해 그 많은 물건을 다 소비할 수 없었다. 물건을 다 팔지 못하니 기업은 수익이 나빠진다. 수익이 줄면 임금을 줄이고 마구 해고한다. 그래서 소비자는 물건을 더 살 수 없게 된다. 악순환이다.

그 뒤, 1939년 제2차 세계대전이 시작되었다. 5,500만 명이나 되는 사망자를 낸 엄청난 전쟁이었지만, 경제적인 측면만 따져보자면 세계는 제2차 세계대전 덕분에 공황에서 벗어날 수 있었다. 전쟁이란 최후의, 그리고 최대의 공공사업이다. 제2차 세계대전이 끝나자 서양 각국은 부흥기를 맞이해 이번에는 세상이 호황으로 들끓게 되었다. 대량생산, 대량소비의 시대에 돌입하게 된 것이다.

《자본론》을 쓴 마르크스는 자본주의가 고도로 발전한 나라, 영국이나 프랑스에서 먼저 자본주의가 지닌 모순이 폭발해 자본가와 노동자 사이의 갈등이 해결 불가능한 상태까지 이르러 혁명이 일어날 거라고 예상했다. 그러나 그런 일은 일어나지 않았다.

사회주의 혁명은 오히려 자본주의 후진국인 러시아 제국에서 일어나 노동자 독재 사회주의 혁명이 성공했다. 소비에트 연방의 탄생이다. 그 뒤 소련이 어떻게 되었는지 모르는 사람은 없으리라. 20세기에 이루어진 어마어마한 실험으로 불리던 사회주의 국가, 노동자 독재는 주인공인 노동자까지 죽도록 괴롭히다가 이 세상에서 사라졌다.

그러면 자본주의 선진국인 영국이나 미국 같은 곳의 노동자들은 어떻게 되었는가. 마르크스 시대에는 차마 눈뜨고 볼 수 없을 만큼 비참하게 살던 노동자의 삶도 대량생산이 가능해져 임금도 올라가고 차츰 풍족해졌다. 이제 계급 투쟁은 끝났다고 선전하기도 했다.

하지만 이때 오히려 '노동자가 대량생산한 제품을 소비자인 노동자가 대량으로 되산다'고 하는 사이클이 확립되었다고 할 수 있다. 대량생산, 대량소비의 과정에서 자본가와 기업에 엄청난 잉여가치를 몰아준다는 자본주의의 원리가 실현되었던 셈이다.

이게 무슨 소리인가 하면, 결국 자본주의 사회에서 소비하지 않는 사람은 이 세상에 존재해서는 안 될 사람이라는 이야기다. '소비하지 않는 사람'은 '노동하지 않는 사람'과 같다. 물건을 사지 않는 사람은 노동하지 않는 니트족이나 히키코모리와 마찬가지로 있어서는 안 될 인간이 되고 만다.

그래서 제2차 세계대전 이후 일본 경제가 무서운 속도로 성장할 때는 흑백 TV, 세탁기, 냉장고가 '3종의 신기(神器)'로 불리며 크게 유행해 서민들이 '갖고 싶어 해야 할' 가전제품이라는 인식을 심었고, 사회적으로도 그걸 구입하도록 권장했다.

이런 상품들이 널리 보급되자 이번에는 컬러 TV, 자동차, 에어컨이 새로운 3종의 신기로 등장했다. 2003년 일본 수상이었던 고이즈미 준이치로는 식기세척기, 슬림형 TV, 카메라 장착 휴대전화가 새로운 3종의 신기라며 경제 견인차 역할을 맡게 될 것이라고 강조했다. 대형 가전 브랜드인 마쓰시타덴키[■]는 2004년부터 식기세척기, 생활 쓰레기 처리기, IH 인덕션 레인지를 주방의 새로운 3종 신기라며 판매하기 시작했다.

나는 TV를 거의 보지 않기 때문에 슬림형 TV 따위는 필요 없다. 카메라가 달린 휴대전화는 회사에서 지급해주었는데, 그럴 수만 있다면 내다버리고 싶다. 그렇지만 나 같은 인간이 늘어나면 곤란할 것이다. 군소리 없이 일하고 부지런히 GDP를 끌어올리며 대량으로 소비해 경제성장에 이바지해야 한다. 이게 근대 자본주의 사회에 요구되는 인간의 모습이다.

그런데 이게 매력적인 인간일까? 오히려 뭐든 산이나 들에서 주워와 재주 좋게 만들어내는 스승님 같은 분들이 '생명체'로는 더 강인한 생명력을 지녔으리라. 이런 분들이 더 매력적으로 보이지 않는가?

나는 이 책에서 '반자본주의' 같은 걸 부채질하려는 게 아니다. '혁명' 같은 단어를 가볍게 입에 올리는 놈들은 너무 싫다. 혁명 뒤

[■] 2008년에 명칭을 바꾸어 지금은 '파나소닉(Panasonic) 주식회사'로 불린다. 하지만 오랜 세월 '마쓰시타', '나쇼날(National)'이란 브랜드로 익숙해 여전히 예전 명칭으로 부르는 사람이 많다.

에 올 유토피아를 떠드는 인간은 아예 믿지 않는다.

인류에게 행복을 가져다준다는 유토피아를 구상하는 사람은 자기가
그 발명의 소유권을 지닌다고 쉽게 믿는다. 그는 자기 시스템을 실행
에 옮길 때 자기보다 나은 적임자는 없다고 믿는다.
— 조르주 소렐 ■,《폭력에 대한 성찰》

미래의 계획을 꾸미는 자는 반동분자다.
— 카를 마르크스

혁명이고 유토피아고 개나 줘라. 내가 하려는 일은 그저 '자본
주의라는 괴물에 맥없이 묶여 살아서는 진짜 내 인생이라고 할 수
없다'는 가설을 스스로의 실험을 통해 확인하려는 것이다.

■ Georges Sorel(1847~1922). 프랑스 사회사상가이며 1908년에 발표한 《폭력에 대한 성
찰》이 대표작이다.

생존을 위한
최전선

'노동'은 고역이 아니다. 원래는 즐거움의 원천이었으리라. 또 '소비'만이 인생의 즐거움은 아니다. 원래 소비하지 않으려고 궁리하는 일이 더 즐거웠으리라. '노동자 → 소비자 → 노동자'라는 자본주의의 영원한 사이클에서 아주 잠깐 벗어나보기로 한다. 이 순환 사이클과 전혀 다른 길을 걷는 삶도 있지 않을까? 있으면 좋겠다. 찾아내고 싶다.

이제 자본주의는 심각한 전환점에 서 있다는 사실을 누구나 안다. 더 사라, 더 소비하라, 더 성장하라, 하며 정부가 아무리 호들갑을 떨고 닛폰은행이 돈을 시장에 마구 퍼부어도 이제는 쓸데없는 물건을 사려는 사람은 거의 없지 않은가. 설비 투자를 해서 물건을 만들려는 기업은 보이지 않는다. 은행 역시 공장을 지으라며 억지로 돈을 빌려주겠다고 하지 않는다.

제2차 세계대전이 터지기 전까지는 세계적인 대공황에서 본질적으로 벗어날 수 없었다. 자본주의는 경기 순환과 공황을 피할 길이 없었다. 2010년대의 미국 금융 위기로 비롯된 경제 위기 때문에 세계는 아직 공황이 덮쳐올까 두려워 떨고 있다.

가장 큰 공포는 공황보다 오히려 그 '해결책'이다. 이제 어느 한 나라가 재정적으로 노력한다고 해도 세계적인 불황에서 벗어나는 효과는 볼 수 없다. 최대이자 최후의 '공공사업', 즉 '전쟁'이 요구되는 게 아닐까 하는 두려움이다.

인간이란 어지간해서는 이념이니 사상이니 하는 것들 때문에 전쟁을 일으키지 않는다. 사회에서 근근이 살아가던 사람들이 일정 이상의 수가 늘어나 역치(閾値)를 넘어섰을 때 일어난다. 2014년 제2차 아베 내각은 헌법 해석을 변경해 집단적 자위권을 행사할 수 있도록 각의 결정을 내렸다. 그러자 반대 세력은 이제 미군의 군사 작전을 거든다는 명목으로 전 세계에서 전쟁을 벌일 수 있게 됐다며 비판했다. 맞는 말이다. 하지만 단순히 집단적 자위권이라는, 사람들이 무슨 내용인지 잘 알지도 못할 '이념' 때문에 전쟁 같은 걸 일으키지는 않을 것이다.

힘겹게 살아가는 젊은이나 실업자가 거리에 넘쳐날 때, 전쟁이라도 일으켜 밖에서 활로를 찾아야 하지 않겠냐는, 경기가 좋아진다면 전쟁이든 뭐든 하자는, 근근이 살아가는 사람들이 자포자기에 빠질 때 전쟁에 대한 분위기가 형성된다. 그리고 그런, 될 대로 돼라는 분위기가 압력으로 변해 어느 임계점에 이르렀을 때 전쟁이 일어난다.

나는 이렇게 생각한다. '희망은 전쟁'이라고 내뱉기 전에 아직 해볼 수 있는 일이 있지 않을까. 절망하기는 너무 이르지 않은가? 내 입으로 이런 소리를 하기는 쑥스럽지만 이참에 확실하게 해두자. 다들 굶주리지 않으려면 마지막으로 할 수 있는 일이 내가 하는 '하루 한 시간 아침 농사' 같은 것이다.

나는 가난한 집에서 자랐다. 아버지는 직장을 전전하는 택시 운전기사였다. 사실 본업은 도박이나 마찬가지였다. 도박에 빠져 제 시간에 출근하지 못해 회사를 이리저리 옮길 수밖에 없었다. 월급은 바로 빚을 갚는 데 들어갔다. 결국 사채에 손을 댄 아버지의 도박 빚은 우리 자식들이 사회인이 된 뒤에도 한동안 생활고에 허덕이게 만들었다.

우리 집엔 자동차도 없었고 에어컨이나 욕조도, 한때는 텔레비전마저 없었다. 1960년대라는 시대를 감안해도 주변 가정과 비교하면 상당히 가난했다. 어머니는 당연히 맞벌이에 나서야 했다. 그때 아버지가 입버릇처럼 하던 말이 있다.

"이밥(쌀밥)만 먹을 수 있으면 더 바랄 게 없다."

반찬도 필요 없다. 소금만 찍어 먹어도 쌀밥이면 맛이 그만이다. 어린 시절에 각인된 생각은 아무리 나이를 먹어도 쉽게 변하지 않는다.

이 형편없는 아버지와는 내가 어른이 된 뒤에도 서로 죽일 듯 싸운 적이 있을 만큼 서로 미워했지만 그 입버릇, "이밥만 먹어도 더 바랄 게 없다"는 어느새 내 생활신조가 돼버렸다.

그래서 나는 지금도 '미식가'라고 떠들고 다니는 놈들이 너무 싫다. 사내 주제에 맛이 있네, 없네 지껄이지 마라. 여하튼 매일 따스한 밥만 먹을 수 있어도 굶어 죽지는 않는다(영양이야 균형이 맞지 않을 테지만).

우선 각자가 굶어 죽지 않을 것, 이게 모든 것의 출발점이다. 그러기 위한 나름의 얼터너티브한 실천이 '하루 한 시간 아침 농사'인 것이다.

먹고산다는 명분으로
비겁하게 살 텐가

이 실험은 내 인생에서 가장 중요한 시기를 맞이해 한심한 짓, 꼴사나운 짓을 저지르지 않기 위한 것이기도 하다. 나 자신을 용서할 수 없는 한심한 짓, 꼴사나운 짓이란 뭘까. 사람마다 다를 테지만 내게 그것은 '먹고살기 위해 쓰기 싫은 글을 쓰는 일'이다. 즉 쓰고 싶은 글을 쓰지 못하게 되는 일이다. 바로 이게 나에겐 한심하고 꼴사나운 짓이다.

사람은 빵만으로 살 수 없다. 하느님의 입에서 나오는 한 마디 한 마디 말씀으로 살아간다.

나 같은 삼류 필자보다 훨씬 무게 있는 말을 하던 사람, 나도 존경하는 작품을 쓰던 문학가들이 여차하면 마지막까지 지켜야 할 자존심을 팔아넘겼다. 진주만 공격으로 미국과 일본이 전쟁을 시작한 그 이듬해에 문학가와 비평가로 이루어진 '일본문학보국회'라는 조직이 만들어졌다. 국민이 요청하는 바에 따라 국가 시책을 널리 알리고 선전·보급하는 일에 몸을 바쳐 국가정책 시행에 협력한다는 단체였다.

문학이 문학을 위해 살고 죽는다면 더 바랄 나위가 없으리라. 하지만 문학이 문학 이외의 것, 국가 시책 따위를 위해 글쓰기를 요청받아 몸 바쳐 실천한다니. 이건 그야말로 '똥'이다.

그렇지만 이런 조직에 당시 이름난 문학가들이 대부분 가입했다. 입회를 거부한 사람은 나카자토 가이잔 정도였다. 나가이 가후도 "왜 허락도 받지 않고 내 이름을 넣었느냐"고 화를 냈다. 이런 작가들 정도다. 왜일까? 나가이 가후는 부모에게 물려받은 엄청난 재산이 있었다. 먹고사는 문제에 어려움이 없었다. 나카자토 가이잔은 나가노 현 산속에 틀어박혀 논밭을 일구며 살았다.

나카노 시게하루는 《시골집》이라는 작품을 남겼다. 제2차 세계대전 중에 공산당원이기도 했던 주인공은 작가인데, 특고경찰[■]에게 체포되어 재판에 회부되자 전향, 즉 자신의 사상을 버리겠다고 공식적으로 선언한다. 고향으로 돌아온 주인공은 그래도 독일어 번역 등을 하며 하루하루를 보낸다.

주인공의 아버지는 학교에 다닌 적도 없는 보수적인 농사꾼이지만 아들의 그런 모습이 답답해 속이 탄다. "네가 잡혀 갔다는 이야기를 들었을 때 이 아비는 네가 죽어서야 돌아올 사람으로만 생각했다. 고즈캇파라[■■]에서 처형당해 뼈가 된 뒤에나 돌아올 거라고 생각하며 살아왔는데…"라며 아들이 무사히 풀려났다는 사실을 기뻐하지 않는다.

[■] 일제강점기에 일본이 언론, 사상, 종교를 탄압하는 데 앞장섰던 정치경찰인 '특별고등경찰'의 줄임말. 1945년 일본 패전과 함께 폐지되었다.
[■■] 에도시대 때 유명한 처형장 중 하나가 있던 곳의 지명.

"나는 그런 글 따위 내다버려야 한다고 생각하느니라."

"…."

"난 글 한 줄 배우지 못했지만 와지마 같은 이들이 써내는 글들은 다 전향한 사실에 대한 변명으로 들리는구나. 그런 글을 써서 무엇 하지? 왜 그런 글을 쓰는 거지? 여태까지 쓴 글을 죽이는 짓일 뿐이지 않느냐. 그래서야 병이 낫지 않지. 그러니 농사를 지어라. 서른 넘어서 농사일 배운 사람 얼마든지 있다. (중략) 막일이라도 나가건 하면서 거기서 쓸 글이 나오면 그때는 써도 될 테지. 아비는 그때까지 글쓰기를 그만두라는 거야. 너 자신을 살리고 싶다면 어쨌든 다섯 해고 여덟 해고 붓을 꺾고(후략)."

그야말로 가차 없는 지적이다. 올바른 지적이기도 하다. 글쟁이는 자기가 쓴 글을 위해 죽어야 할 때가 있다. '서른 넘어서 농사일 배우는 사람은 얼마든지 있다'고 소설 속 아버지도 말한다. 쉰 살 넘어서 배우는 녀석은 드물기야 할 테지만.

쓰고 싶지 않은 걸 쓰라고 시키거나, 쓰고 싶은 글을 쓰지 못하게 한다면 글쟁이 노릇을 이어갈 필요가 없다. 몇 해 글을 쓰지 마라. 보살고개˙에 틀어박혀라. 농사를 지어라. '지워버리고 싶은 과거'를 자기 손으로 만들어서 대체 어쩔 것인가.

본격
모내기 준비

6월. 드디어 모내기가 가까워졌다. 농사 초반에 맞이한 최대 고비다. 해야 할 일이 너무 많아 몸이 몇 개라도 부족하다. 아니, 프로 농부처럼 하루 종일 논에서 지내며 여러 시간 일할 수 있다면 모르겠다. 하지만 이른 아침 딱 한 시간만 논에 들어간다는 게 이 게임의 규칙이다. 룰을 엄격하게 지키지 않는 게임은 재미없었다.

드디어 논에 물을 대는 날이 왔다. 논 둘레에 물결 모양 플라스틱 판을 둘러 박고 한 모퉁이만 터놓는다. 이곳이 물 들어오는 입구다. 작은 판자를 이 부분에 끼우고 수문을 여닫아 논에 들어오는 물의 양을 조절한다는 계획이다.

수문 개통식. 판자를 치우자 물이 조금씩 바짝 마른 논을 적시기 시작했다. 그렇지만 산에서 조금씩 내려오는 물뿐이라 수돗물을 틀었을 때처럼 물이 쏴아 쏟아져 들어오는 게 아니다. 쫄쫄쫄, 수도에서 물이 새는 느낌이다. 이런 물로 논을 채울 수 있을까. 좀 걱정스럽다.

■　나카자토 가이잔이 1913년부터 1941년까지 여러 신문에 연재한 미완의 장편소설 제목이 《대보살고개》다.

하지만 고생해서 플라스틱 판을 박은 보람이 있었다. 돌울타리에서 배어나는 물만으로 며칠 채우니 바짝 말랐던 논이 마른 진흙처럼 되었다. 여기에 '밑거름'이라고 불리는 비료를 뿌려 놓는다. 봉지를 한 손에 들고, 모래판에 오르는 스모 선수가 소금을 뿌리듯 될 수 있으면 골고루 논에 뿌린다.

그로부터 사흘 뒤. 이번에는 이 절척한 논을 다시 경운기로 갈아준다. '써레질'이라고도 한다. 써레질은 논에 물을 뿌려 흙을 더 잘게 부수어 섞고 마지막에 흙 표면을 평평하게 해 모내기 준비를 하는 마지막 단계다. 물과 진흙을 섞어 점토 모양으로 만든다. 그렇게 해서 논 밑바닥으로 물이 새나가는 것을 막으려는 뜻도 있다. 논에 잡초가 나는 것도 막아준다고 한다.

논에 물을 대고 며칠 그대로 두었더니 진흙탕이 되었다. 4월에 논을 갈 때처럼 딱딱한 흙을 뒤집는 게 아니었다. 그래서 경운기 조작은 좀 편했다. 대신에 진흙탕을 걷다 보니 다리와 허리에 상당히 힘이 필요했다. 발이 푹푹 빠져 한쪽 발을 뽑으면 다른 발이 빠지는 그런 느낌이었다. 논에서 겪은 '지옥의 묵시록'이랄까.

그때까지 신던 장화로는 도저히 불가능했다. 스승님이 농협에서 모내기 신발을 사두라고 하신 뜻을 알겠다. 비닐로 만든 지카타비라고나 할까? 엄지발가락과 검지발가락 사이가 Y자 모양으로 갈라져 논에서도 제대로 발에 힘을 줄 수 있게 생긴 신발이다.

하루 전날 농협에서 그 신발을 사왔다. 창구에는 여태껏 본 적 없는 젊은 여직원이 나와 있었다. 안경을 쓴 촌데레 분위기. 예쁘다. 나도 모르게 또 긴장해서 "논에서 신을 지카타비 주세요!"라고 큰소리로 말하고 말았다. 창구 직원들이 의아한 표정을 짓는 데는 이미 이골이 났다. 직원이 고개를 갸웃거리며 물었다.

"논에서 신을 지카타비? 모내기용 지카타비 말하는 거죠?"

그리고 킥킥 웃었다. 창피하다. 하지만 젊은 여성을 웃길 기회는 별로 없다. 은근히 기뻤다.

"사이즈는?"

"290밀리미터."

또 웃었다. 가장 큰 게 280밀리미터라나? 뭐 그럴 것이다. 전문 신발 가게에서도 내 사이즈에 맞는 스니커즈는 잘 팔지 않는다.

써레질을 한 뒤 농협 영농센터에 모를 받으러 갔다. 시험 연구와 기술 개발도 하고 있는 농가 지원 부대다. 이미 듣기는 했지만 그제야 비로소 알게 되었다. '볏모 6개'란 모판 6판을 말한다는 사실을. 한 판이 작은 목욕 수건 정도 크기인데, 말라죽지 않도록 아래 부분은 스펀지에 물을 적신 상태였다. 이 작은 목욕 수건 6판을 옮겨야 하는 것이다.

포르쉐를 끌고 모판을 받으러 왔다면 너무 이상했으리라. 그렇다고 경트럭을 몰고 모 6판을 받으러 가는 모습 역시 이상하다. 차에 비해 싣는 모판이 너무 적다. 농협에서 의뢰를 받아 모를 키우는 업자 아저씨가 알로하셔츠를 걸치고 아무것도 모르는 듯 멀거니 서 있는 얼간이에게 이런저런 것들을 가르쳐주셨다.

"도착하면 그늘에 두고 빗자루로 한 차례 싹 쓸듯이 모 윗부분을 털어줘. 그다음에 물방울을 뿌려주고. 아, 디지털파워는 샀나? 그걸 뿌린 다음에 다시 물뿌리개로 물을 골고루 뿌려줘야 해. 묻어 있는 약제를 지우는 거지. 알겠나?"

'디지털파워'는 디지털파워라는 상자 안에 든 작은 알갱이 모양의 약제를 말한다. 스승님이 시켜서 이미 지역 농협 지부에서 사두었다. 도열병이나 벼멸구를 막기 위한 방충제인데 제품은 여러 가지가 있다.

써레질을 무사히 마친 뒤에 모내기를 할 때까지 논에 물을 더 받아야 한다. 자세한 이야기는 다음 장에서 할 테지만 내 논에도 우여곡절 끝에 물을 가득 담았다. 산산이 부서지는 햇빛. 고생한 만큼 거룩해 보이기까지 했다.

6월 15일 아침. 2014년 브라질 월드컵에서 일본 대표의 첫 번째 경기가 열리는 날이었다. 온 나라가 텔레비전 앞에서 열광할 때 나는 논에 서 있었다. 다른 사람의 영광보다 내 밥이 먼저다.

초여름이라 햇살이 따가웠다. 이날은 알로하셔츠에 멕시코 갔을 때 산, 챙 넓은 카우보이 모자와 선글라스까지 준비해 만반의 태세를 갖추었다.

"농사꾼은 밀짚모자야! 그런 걸 쓰니까 꼭 지명수배범 같구나."

스승님이 아침부터 버럭 화를 내셨다. 하지만 이건 양보할 수 없다. 내 스타일은 지키겠다. 내 패션에 밀짚모자라는 선택지는 결코 있을 수 없다.

논 중심부는 역시 손으로 미는 소형 이앙기로 모를 심는다. 작은 목욕 수건만 한 모판을 이앙기 틀에 끼운다. 시동을 걸고 전진. 딱 소가 걷는 정도의 속도로. 물이 차 푹푹 빠지는 논은 엄청난 힘으로 발을 잡아당긴다. 280밀리미터 특대 모내기용 신발을 신고 힘겹게 걸었다. 애써 심은 모를 밟지 않으려고 애쓰면서. 될 수 있으면 일직선이 되도록 이앙기를 몰았다.

좌우에 클러치가 있어 커브를 틀 때는 핸들을 당기며 구부러질 방향 쪽으로 몸을 기울여야 한다. 요령은 오토바이와 같다. '같다'는 사실을 머리로는 이해했지만 몇 번이나 이앙기를 논바닥에 처박

왔고 그때마다 스승님의 불호령이 떨어졌다.

간신히 이앙기를 어설프게나마 조종할 수 있게 되었을 무렵에는 이미 60평짜리 작은 논에 볼품없기는 하지만 그래도 옅은 녹색 모가 가지런히 심어져 있었다. 감동이었다. 모판은 전부 6판. 4,200엔. 이걸로 1년 먹을 쌀을 얻을 수 있다는 건가? 새삼 놀라웠다. 마술 같다는 생각밖에 들지 않는다. 땅이 내 배를 불려준다.

진짜 농부가 하면 일직선으로 가지런하게 심었을 터. 하지만 나는 완전 초짜다. 삐뚤삐뚤하고 듬성듬성해 틈새가 벌어졌다. 이번에는 그 자리에 수작업으로 모를 심었다. 남은 모를 왼손에 들고 오른손으로 뜯어 논바닥에 꽂았다. 허리를 굽힌 자세. 진흙 밭에서 스쿼트를 하는 듯했다. 몸이 견뎌내지 못했다. 역시, 이런 식으로는 캘리포니아에서 생산하는 쌀을 당해낼 도리가 없다.

상품으로만
가치를 매겨야 할까

미국 뉴욕에서 지냈던 적이 있다. 나는 어딜 가도 밥을 꼭 먹어야 하는 체질이라 사실 걱정이 앞섰다. 중국 요리에 나오는 그 부스스하고 냄새가 좀 고약한 길쭉한 쌀, 그건 내 입맛에 맞질 않는다. 차진 쌀밥을 먹을 수 없을까? 실제로 뉴욕에서 살아보니 그런 걱정은 쓸데없는 것이었다. 슈퍼마켓에 가면 캘리포니아 쌀을 잔뜩 쌓아놓고 판다. 미식가가 아니라서 잘 모르지만 일본에서 먹던 쌀에 비해 전혀 손색없는 맛이었다. 갓 지은 밥을 먹으면 제법 맛있다.

게다가 일본 쌀보다 싸다. 이건 당연한 노릇이다. 캘리포니아의 그 어마어마하게 넓은 대평원을 엄청나게 큰 트랙터로 갈아, 몇 킬로미터나 되는 거리에 모를 일직선으로 나란히 심어 한꺼번에 수확한다. 그러니 '가성비'가 좋을 수밖에 없다.

일반적으로 일본에서 벼농사는 '손이 많이 가는 일'이며 농업은 대표적인 노동집약형 산업으로 여긴다. 하지만 이건 오해다. 벼농사야말로 실은 자본집약형 산업이다. 좀 쇼킹한 사실을 알려드리겠다.

> 일본이 '도요아시하라노미즈호노쿠니', 즉 벼가 풍요롭게 열리는, 벼농사가 잘되는 땅이라는 인식은 문화·역사적으로야 옳을 테지만 이제 기술적·경제적으로 그렇게 강조할 수 없는 것이 되었다.
> — 아라하타 가쓰미,《감반* 40년과 일본의 수전 농업》

벼농사에는 많은 물이 필요하다. 그런 면에서 고온다습한 일본 국토는 분명히 벼농사를 짓기 좋았다. 식물로 따지면 벼의 성장에는 풍부한 일조량도 꼭 필요하다. 해가 쨍쨍 내려쬐지 않으면 좋은 쌀은 자라지 않는다. 햇볕을 충분히 받고 벼가 잘 자라야 경작 면적 단위로 따져 수확이 늘어난다.

농업용수를 다루는 관개 기술이 요즘처럼 발달하지 못한 고대나 중세사회에는 분명 물이 훨씬 더 중요했기 때문에, 일본은 세계에 자랑할 만한 쌀의 나라 '도요아시하라노미즈호노쿠니'였다. 하지만 토목 기술이 비약적으로 발전한 현대에는 물보다 일조량, 즉 햇볕이 쨍쨍 내리쬐고 기계화하기 편한 너른 평지의 지역이 벼농사에 유리하다. 잘 알려져 있다시피 캘리포니아나 오스트레일리아, 이집트 같은 건조지대가 벼농사에 훨씬 적합하다.

일본 농부들은 이렇게 면적이 넓은 나라들과 경쟁해 살아남아라, 생산성을 더 올려라 같은 소리를 듣고 있다. 시장원리주의자나 TPP▪▪ 추진파의 기본적인 주장이 그런 내용이다.

▪ 일본 패전 후, 쌀 생산을 억제하기 위한 목적으로 시행된 농업 정책. 농가에 벼농사를 짓는 면적을 줄이도록 유도했으며 2018년에 폐지되었다.
▪▪ Trans-Pacific Partnership(환태평양경제동반자협정). 2005년에 시작된 아시아-태평양 지역국 사이에 진행 중인 광역 자유무역협정을 말한다. 2017년 미국의 트럼프 대통령은 이 협정에서 탈퇴했다.

벼농사를 여러 산업 가운데 하나라고 생각한다면 일리는 있다. 그런데 나는 산기슭 좁은 다랭이논에서 작은 수동 이앙기마저 닿지 않는 땅에, 진흙 속에서 스쿼트하듯 손으로 모를 뜯어 심는다. 이런 모습을 미국이나 오스트레일리아 농부들이 보면 웃을 것이다. 때려치우는 편이 낫다. '산업'으로서는 말이다. 그런데 벼농사를 산업으로만 여겨야 하는 걸까?

논은 '상품'만 만드는 게 아니다. 블랙기업에 착취당하지 않도록 해준다. 인기 없는 글쟁이나 뮤지션, 배우, 작가, 화가, 운동선수, 누구든 상관없다. 초등학교 졸업 문집에 적은 장래희망을 좇으며 살아도 먹고살 수 있도록 해준다.

내 잘못이었어
내 잘못이었어
이렇게 풀잎에 스치면
그걸 알 수 있지
— 야기 주키치[■], 〈풀잎에 스치다〉

[■] 시인이자 교사. 생전에 시집 《가을의 눈동자》(1925)를, 병으로 일찍 세상을 떠난 뒤에 《가난한 신도》(1928)가 출판되었다. 일본 패전 후 기독교 시인으로 널리 알려지게 되었다.

질퍽한 논에서 스쿼트를 하며 엉덩이를 적셔보지 않으면 알 수 없는 것이다.

6. 관계의 균형을 잡는 법

"그런데 스승님,
산에서 흘러내리는 물은
24시간, 1년 내내 흐르는 건가요?"
"그렇지."

어떻게 물이 끊이지 않을 수 있는 걸까?
"산에서 빗물을 저장하고 있는 거야."

그럼 그게 원래 누구 건가?
"산이 주인이지. 그러니 나눠 써야 하는 거고."

스승님이 말씀하셨다.
농부들은 어떤 이치에 도통한 분들인 것 같다.

스승님의 첫 번째 어록이다.

대망의
조우

피는 물보다 진하다고 한다. 'Blood is thicker than water.' 핏줄이 이어진 사람들 사이의 유대가 남보다 더 끈끈하다는 이 말은 서양에서 왔다. 그러니 이 말은 일본에서는 해당 사항이 없을 것이다. 여기서는 피보다 물이 더 진하다.

> 피보다 진하게 논과 논을 이어주는 물
> — 쓰다 기요코

쓰다는 1920년에 태어난 하이쿠 시인이다. 비가 적은 야마토 분지■에서 살았다. 그래서 잘 알고 있었던 거다. 논과 논으로 갈리고 합쳐지는 물, 거기서의 물 다툼. 그런 '물을 둘러싼 관계'가 부모와 자식 사이보다 훨씬 가까운 관계가 된다.

이야기는 봄, 벚꽃이 흩날리던 계절로 돌아간다. 우연히 스승님을 알게 된 후 땅 주인의 어머니로부터 허락을 받아 논도 구경하고 이튿날부터 잡초를 베려고 마음먹은 날. 스승님과 나는 높게 자란 잡초 밭에서 경작을 포기한 논을 바라보고 있다가 경트럭에 감자를 싣고 가던 이웃 농부와 우연히 마주쳤다.

"이 양반 도쿄에서 왔대. 경험은 전혀 없지만 논농사를 짓고 싶다고 해서."

"허어— 대단하시군."

스승님이 농부에게 나를 소개하셨다. 그리 대단한 사람 아닙니다, 라며 속으로 쑥스러웠지만 그게 아니었다. '대단하다'는 말뜻은 아무리 봐도 농사일에는 어울리지 않아 보이는 내가 정말로 논농사를 계속 지을 수 있을지 의아하다는 것이었다.

스승님과 이웃 농부가 한동안 이야기를 나누었다. 두 사람 다 심한 이모리 사투리를 써 나는 80퍼센트도 알아듣지 못했다. 그저 '아버님'이라는 단어가 가끔 귀에 들어왔다. 내가 앞으로 농사짓는 데 중요한 관문이 될 것 같은 느낌이 직감적으로 들었다. 이웃 농부

■ '나라 분지', '야마토 평야'라고도 한다. 나라 현 북서부에 있는 해발 100미터 이하인 단층 분지를 말한다.

와 헤어진 뒤 스승님에게 물어보았다.

"그 아버님이라는 분은 이 부근에서 농사를 짓나요?"

"으음… 뭐, 됐어. 자네도 조만간 알게 될 거야."

왠지 모호한 대답이다. 먼 하늘에 작은 먹구름이 몰려오고 있었다.

이튿날부터 잡초를 베기 시작해 며칠 지난 어느 날 아침이었다. 내가 농사지을 작은 논 바로 위에서 밭일을 하는 노인이 있었다. 일흔은 훨씬 넘어 보였는데 스승님이 바로 다가가 인사를 했다.

"저어, 이 사람 도쿄에서 왔습니다. 논농사를 지어보겠다고 하더군요. 여러모로 신세를 지겠지만 앞으로 잘 부탁드립니다."

스승님이 나를 노인에게 소개했다. 나도 모자를 벗었다.

"신세를 지게 되었습니다. 잘 부탁드립니다!"

깊이 허리 숙여 인사했다.

"아아, 그러지 마. 그런 소리 하지 마셔."

그 노인은 일손을 멈추고 씩 웃더니 스승님과 담소를 나누었다. 사투리가 심해 무슨 이야기를 하는지는 역시 하나도 알아들을 수 없었다. 다만 헤어질 때 바구니에 있던 잘 여문 양파를 내게 주었다.

"저분이 아버님입니까?"

"그래."

"마음씨 좋은 분 같은데요?"

"흐음. 그런가?"

"과자라도 사들고 인사드리러 가는 편이 나을까요?"

"됐어, 필요 없어. 의미 없는 짓이야. 기분 좋은 날은 저렇게 말을 붙이시지만, 심사가 틀리면 우리가 지나가도 쳐다보지도 않을 걸. 자네가 어떻게 하든 아무 의미가 없어."

아무튼 아버님과의 기념할 만한 만남이었다.

물 다툼의 서막

작지만 다부진 체격, 햇볕에 그을린 얼굴에 깊이 팬 주름, 굵고 짧은 손가락, 씻어도 지워지지 않을 새카만 손톱은 몇 십 년간 흙과 씨름한 흔적이다. 그야말로 진짜 농부의 생김새다. 아버님이 주로 재배하는 것은 감자나 누에콩, 양파, 상추. 물론 벼농사도 한다. 감자 수확을 마친 밭을 논으로 바꾸어 모를 심는다. 이모작이다.

아버님은 그야말로 부지런한 분이라 이른 아침부터 해가 질 때까지 여기저기 흩어져 있는 밭을 돌아보며 부인과 둘이서 늘 뭔가를 하고 있었다. 기분이 좋을 때는 싱글벙글 웃지만 심기가 불편할 때면 부인에게 호통을 치는 소리가 주변에 메아리친다. 그때마다 깜짝 놀랐다. 심기를 거스르면 안 되겠다는 생각이 들었다.

아버님과 내 논 사이에는 폭이 10센티미터쯤 되는 도랑이 있어 물이 끊임없이 흐른다. 산에서 흘러내려오는 물이다. 맑고 차가워 마셔도 될 정도다. 물줄기는 가늘지만 작은 논 5~6개쯤 적시기에는 충분하다.

초여름 어느 날. 여느 때와 마찬가지로 논일을 마치고 도랑에서 장화를 씻고 세수를 하고 있는데 "어라, 여기 좀 봐" 하고 스승님이 어딘가를 가리켰다. 물이 흐르는 도랑 바닥에 주먹만 한 구멍이 나 있다. 물을 빼내는 파이프였다. 그리로 물이 빠져나가 아버님의 논으로 들어가고 있었다. 아버님의 논보다 한 칸 아래에 있는 내 논에도 물을 끌어들이는 관이 있으니 그건 아무 문제가 안 된다.

"거기 말고 여길 보라고."

스승님이 손가락으로 가리킨 데는 아버님 논으로 물을 빼는 파이프 옆에 콘크리트가 칠해져 있는 곳이었다. 콘크리트를 발라 작은 벽처럼 만들어놓았다. 아버님의 파이프에는 뚜껑이 있었다. 지금은 그 뚜껑이 닫혀 있어 아무 문제없이 물이 아래로 흐르지만 이 뚜껑을 연다면….

비라도 와서 물이 많이 흐를 때라면 몰라도 맑은 날이면 찔끔찔끔 흐를 게 분명하다. 그래도 1년 내내 쉬지 않고 흐르니 산과 숲이 물을 저장하는 물의 양은 대단하다. 그렇지만 아버님이 물을 끌어들이는 뚜껑을 활짝 열면 내 논으로는 물이 들어오지 않을 것이다. 물은 모두 아버님 논으로 흘러들어가게 된다.

"사실 이렇게 하면 안 되는데… 다른 사람들은 보고도 못 본 척하지."

스승님이 살짝 한숨을 내쉬었다. 내 논은 농사를 짓지 않은 지 3년이 된다. 그 전까지만 해도 논 주인의 아버지가 정정했을 때라 매년 벼농사를 지었다. 그래서 이런 일이 일어나지 않았다. 그런데 요 3년 사이에 농사짓는 사람이 보이지 않자 위에 있는 논 주인인 아버님이 물이 부족한 한여름에는 자기 논에 먼저 물을 대려고 시멘트를 발라 벽을 만든 모양이었다.

… 이러면 안 되잖아. 어떻게 하지, 이걸?

앞서 설명한 것처럼 내 논에는 플라스틱 판을 박아두었다. 생명줄이나 마찬가지인 물을 밖으로 흘려보내지 않기 위한 문명의 이기다. 그 플라스틱 판을 박을 때 곡괭이질을 하고 삽으로 흙을 퍼내며 실컷 고생했다. 왜 이런 고생을 하는 걸까. 스승님에게 물었다.

"이 동네에도 물 다툼이 있습니까?"

"그야 있지. 자네도 차츰 알게 될 거야."

이런 식으로 얼버무렸는데 역시, 이런 거였단 말인가? 스승님이 어렸을 때는 '가와리미즈'라는 게 있었다고 한다. 농업용수에서 물을 끌어 쓰는데, 날이 가문 여름에는 물이 부족해지면 용수를 이용하는 마을의 농가가 순서에 따라 번갈아 물을 끌어 쓰도록 했다는 것이다.

하지만 밤중에 나쁜 마음을 먹은 사람이 물을 끌어들이는 뚜껑을 멋대로 조작해 몰래 자기 논에 먼저 물을 채우는 일도 있었다고 한다. 그래서 스승님이 어렸을 때는 밤마다 교대로 잠을 자지 않고 지키고 있었다는 이야기를 들었다. 실제로 '물 도둑'은 하이쿠에도 등장한다.

물 도둑 주량이 약간 늘었구나

— 2015년 5월 29일자, 〈슈칸킨요비〉■

■ 주식회사 긴요비가 1993년부터 발행하고 있는 주간지. 정치, 사회, 환경 문제를 주로 다룬다.

산에서 내려오는
물의 주인은 누구지?

그건 그렇고, 아버님이 시멘트로 손질한 물길 말고도 반대편 방향에 있는 돌울타리에서 아주 조금씩이긴 해도 내 논으로 흘러들어오는 다른 물줄기가 있는 것 같았다. 내가 논 주위 잡초를 벨 때 스승님이 용케 발견하셨다. 물줄기라고 할 수 있을 정도는 아니다. 흘러든다고 표현하기도 지나치다. 가만히 지켜보니 아주 조금씩 물이 움직이고 있는 것처럼 보인다. 그야말로 얼마 되지 않는 물이.

아주 적은 물이지만 멈추지 않고
— 나카타 고 ■

옛날 사람들은 잘 알겠지만, 이렇게 얼마 되지 않는 물이라도 24시간 쉬지 않고 흘러든다. 가뭄이라면 몰라도 이 정도 물이면 내 논에 물을 댈 수 있을지도 모르겠다. 게다가 물막이 판까지 쳤다. 스승님의 선견지명.

■ 하이쿠 시인.

토박이인 아버님과 다투어봤자 승산이 없다. 우리는 이 얼마 되지 않는 물이 논에 잘 흘러들도록 궁리하기로 했다. 삽으로 흙을 북돋아 작은 둑을 만들고, 그 둑을 발로 밟아 물이 새나가지 않도록 잘 다졌다. 돌울타리에서 배어나오는 물을 내 논으로 끌어들이려는 것이었다. 고생해서 만든 물길. 이게 제 역할을 잘만 해주면 아버님이 도랑으로 흐르는 물을 독차지하건 말건 아랑곳하지 않을 수 있다. 그런데 아무리 60평짜리 작은 논이라고 해도 과연 이 찔찔 흐르는 물만으로 감당할 수 있을까.

　　"뭐 아직 모내기까지는 시간이 있으니까. 일단 해보자고."

　　스승님이 타일렀다.

　　이치를 따지자면 산에서 도랑을 따라 흘러내려온 물을 아버님이 독차지하란 법은 없다. 하지만 스승님도 이곳 토박이다. 이웃에 사는 아버님과 갈등을 빚어 좋을 리 없다. 오히려 타지 사람인 내가 빨리 '동네 사람'으로 인정받아야만 한다.

　　산에서 내려오는 물밖에 쓸 수 없는 상황. 물길은 아버님이 쥐고 있다. 해결책은 하나. 아버님과 잘 지내는 방법뿐.

　　산골 마을에서는 물 쓰는 일은 물론이고 모내기를 언제 할지, 농약을 뿌릴지 말지도 주위 사람들과 협조해서 결정한다. 원래 모내기

철은 부락 모두의 의견을 들어 일정을 결정한다.

내 논은 모내기를 6월 둘째 주에 하게 되었다고 스승님이 말씀하셨다. 그렇다고 반드시 그 주에 해야만 한다는 것은 아니다. 내 논 주변은 매년 그때쯤 한다는 암묵적인 일정이 마을에 있기 때문이다. 스승님 논은 내 논에서 걸어 5분쯤 걸리는 위치에 있다. 그 논은 매년 6월 첫째 주에 모내기를 하는 것으로 정해져 있다. 주변 논과 시기를 맞추어 모내기를 하지 않으면 아주 곤란해질 수 있다.

먼저 모내기를 하고 싶으면 할 수 없지는 않지만, 그러면 먼저 모가 자라는 만큼 해충이 발생해도 제일 먼저 내 논이 당한다. 농약 살포나 추비(추가적으로 뿌리는 비료)가 필요한지 어떤지도 같은 시기에 심은 주위 논의 모 생육 상태와 비교해 판단하게 되는데, 나만 다른 시기에 심으면 이런 비교 판단마저 할 수 없다.

'자연스럽게', '분위기를 파악하고', '주위 사람들과 대략 비슷하게'. 이게 농촌 부락의 황금률이다. 그런데 사실 이건 내가 가장 싫어하는 모습 아닌가.

농사의 시작과 끝은
인간관계

초등학교 다닐 때부터 생활기록부의 협동심 점수는 'C'였다. 친구가 있기는 했지만 대개 혼자 놀았던 기억이 많다. 중고등학교 때는 축구부 활동을 했지만, 합숙이나 회의 같은 단체 활동이 답답해서 고등학교 때 그만두었다. 동아리 활동을 마친 뒤 다 함께 어울려 역까지 걸어가는 게 너무 싫었다. 걸을 때는 내 페이스대로 걷고 싶었다. 그 뒤로 팀 스포츠는 전혀 하지 않았다. 사회에 나와서도 운동이라고는 수영, 파도타기, 사이클, 근육 트레이닝처럼 모두 혼자 할 수 있는 것들만 했다.

신문사에 입사한 뒤에도 사람들과 얽히는 일은 되도록 피했다. 팀을 구성해 진행하는 취재에도 잘 적응하지 못했다. 혼자 기획하고 혼자 취재해 혼자 기사를 썼다. 돌이켜보면 내가 한 일은 거의 그런 일들뿐이다. 될 수 있으면 회사 가까이에 머물지 않으려고도 했다. 동료들과 잡담을 나누거나 퇴근길에 술 한잔 기울이는 일도 피했다. 부서 회식이나 송별회, 송년회도 될 수 있으면 가지 않으려 했다. 고고한 척한다는 소리를 들어도 그렇다, 라고 인정했다.

이건 나뿐만이 아니라고 생각한다. 내가 극단적인 예일지는 몰라도 오늘을 살아가는 도시 노동자는 저마다의 차이는 있겠지만 자기 업무 범위 이상은 볼 수 없는 부품 같은 생활을 하며 살아간다. 카프카는 친구에게 보낸 편지에 이렇게 썼다.

> 지적인 일은 인간을 인간의 공동생활으로부터 떼어놓는다. 몸을 쓰는 일은 거꾸로 사람을 다른 사람들 쪽으로 이끈다. 작업장이나 정원을 손질하는 일을 할 수 없게 된 것이 아섭다.
> ─ 구스타프 야누흐 ■,《카프카와의 대화》

글로벌화가 진행됨에 따라 일본을 비롯한 선진국에서는 제1차, 제2차 산업에 속하는 직장이 빠르게 사라지는 현상이 나타난다. 제조업의 거점은 인건비가 싼 개발도상국으로 옮겨간다. 그래서 일본에서의 고용 기회는 제3차 산업에서밖에 거의 찾을 수 없다. '몸을 쓰는 일'에서 멀어져 서비스업, 즉 어느 정도 '지적'인 일에 종사하지 않을 수 없게 되는 것이다. 인간을 인간 공동생활에서 떼어놓는 직업들이 대부분이다.

오늘날의 서비스 노동은 고도로 분업화되었다는 점이 특징이다.

■ 체코의 작가이자 기자, 번역가.

자기가 하는 일이 크게 보아 어떤 것인지를 경영자 말고는 잘 알지 못한다. 바로 앞에 있는 그릇에 밥을 담고 소고기를 얹어 손님에게 드리고 밥값을 받는다. 이 과정을 혼자 다 하고 있다 하더라도, 거대한 외식 체인 사업의 긴 컨베이어 벨트로 치면 저 끄트머리에 있는 톱니바퀴 역할에 지나지 않는다. 정도의 차이야 있을 테지만 지적인 일이나 서비스 산업에서는 모두 자기가 하고 있는 일밖에 보이지 않는다. 생산성을 올리기 위해 노동은 더욱 분업화되어 간다.

그러나 농사는 전혀 다르다. "제가 협조성이 없거든요. 그러니 이해해주세요"라고 해서 문제가 해결된다면 무슨 걱정이겠는가. 논농사야말로 사람과 사람이 함께 노력해 꾸려가는 일이다. 사람을 사람에게로 이끄는 최고의 '몸 쓰는 일'. 인간관계야말로 농사의 시작이자 끝이다.

그 뒤로 아버님이 먼발치에서 보이더라도 쪼르르 달려가 큰 목소리로 인사를 드렸다. 매일 아침 논에 얼굴을 내밀어 '도시 놈이 장난삼아 농사를 지으려는 게 아닙니다'라는 태도를 보여드렸다. 도쿄에 출장 다녀올 일이 있으면 센베이 같은 가벼운 선물이라도 들고 왔다. 아버님은 도망치며 받지 않으려고 했지만 억지로 아버님 경트럭에 던져 넣고는 했다.

몸 쓰는 일은 사람을 사람들 속으로 이끈다. 그걸 알고 노력하다 보니 다른 이웃 농부들이 차차 말을 걸어주기 시작했다. 내가 서툴게 작업한 결과를 살펴보고 도움말도 주셨다.

공동체 생활의 요령을 익히다

6월 상순. 돌울타리에서 조금씩 흘러나오는 물로 메말랐던 논을 조금 적실 수는 있었다. 하지만 군데군데 흙바닥이 드러나 보이는 상태였다. 물이 이 정도만 차도 손으로 미는 경운기를 써서 갈아주면 질퍽한 점토처럼 되어 물기를 보관하기도 좋다.

6월 중순. 드디어 모내기를 코앞에 둔 어느 날이었다. 이 시기에는 논에 물이 가득해야 하는데 여전히 좀 부족했다. 아직 마른 땅이 군데군데 보였다. 옆 도랑을 흐르는 물은 모두 아버님 논으로 흘러들어가고 있었다. 돌울타리에서 조금씩 나오는 물만으로는 역시 모내기에 부족했다.

마지막 순간까지 물을 더 채우지 못하면 어쩌지? 아버님에게 무릎이라도 꿇고 사정해야 하나? 아니면 눈물을 흘리며 하소연이라도 해볼까? 이미 그 정도 각오는 되어 있었다.

하지만 '뜨내기'인 내가 나서는 것보다 지금은 '토박이'끼리 이야기를 해야 일이 풀릴 거라는 생각이 들었다. 스승님이 아버님에게 부탁을 드리러 가주셨다.

토박이들의 대화를 옆에서 듣고 있자니 사투리가 심해 도무지 무슨 말인지 알아들을 수가 없었다. 드문드문 들리는 단어를 가지고 추측해보자면, 아버님 논에 물이 충분히 차면 나머지 물을 아래쪽에 있는 내 논으로 흘려줄 수 없겠느냐, 아마 이런 부탁인 듯했다. 실제로 아버님 논의 물은 이미 거의 다 차 모내기 준비를 마친 상태였다.

"그러면 내 논이 마를 텐데, 안 돼."

"그러니까 남는 물만 아래로 흘려보내주시면 된다는 거죠."

"그럼 자네가 다른 논의 물을 내려보내서 쓰면 되지 않나."

"다른 사람 논에 함부로 손댈 수 없으니까 그러죠."

결국 말다툼이 되고 말았다.

"난 해야 할 일이 있어서" 하고 아버님은 내뱉듯이 말하더니 경트럭에 올라타 어디론가 가버렸다. 자기 논의 물 파이프 뚜껑을 활짝 열어 한 방울도 아래로 흘러가지 못하게 해둔 채.

꼭 그렇게까지 해야 했을까. 스승님도 "이제 내버려둬라. 자꾸 말해봐야 소용없어"라며 화가 난 기색을 숨기지 못했다. 토박이들끼리 결국 다툼이 생기고 말았다. 정말 면목이 없다.

"그런데 스승님. 산에서 흘러내리는 물은 24시간, 1년 내내 흐르는 건가요?"

"그렇지."

어떻게 물이 끊이지 않을 수 있는 걸까?

"산에서 빗물을 저장하고 있는 거야."

그럼 그건 원래 누구 거지?

"산이 주인이지. 그러니 나눠 써야 하는 거고."

스승님이 말씀하셨다. 농부들은 어떤 이치에 도통한 분들인 것 같다. 스승님의 첫 번째 어록이다.

산에서 흘러내리는 물을 모두 아버님 논으로 흘러들어가게 도랑을 손질한 것은 아무래도 이해가 가지 않는다. 그냥 흐르는 대로 내버려두면 문제가 없지 않은가.

하지만 마을이라는 사회는 일이 그런 식으로 이루어지지 않는다. 누가 뭐라고 해도 아버님은 이곳에서 몇 십 년간 토박이로 농사를 지었다. 사람들이 좀 꺼리기는 해도 지역 공동체에 확실하게 뿌리를 내린 채 살아가고 있는 분이다.

반면 나는 도시에서 온 괴짜. 3년이나 버려두었던 논을 되살리는 건 고마운 일이라고 해도 얼마나 계속 농사를 지을지, 정말 끝까지 벼농사를 지을지 어떨지 알 수 없다. 아버님은 공동체에서 인간관계로 맺어져 있다. 나는 그렇지 못하다. 농촌 공동체는 '관계 맺음'으로 이루어져 있다.

공동체에서는 인간관계가 전부다. 물 이야기만 하는 게 아니다. 비료나 농약을 뿌릴 일정을 정할 때는 물론, 태풍이나 홍수 대책, 멧돼지 구제, 농작물 도둑 경계 등을 지역 농가는 공동으로 해왔다. 농사일뿐만이 아니다. 노인들을 모시는 문제나 육아에서도 도움을 주고받는다. 이 마을에 아버님이 업어 키운 사람들도 분명 여럿 있을 것이다.

공동체란 그런 인간관계, '기브 앤드 테이크'라는 세상 관습이 그물망처럼 촘촘하게 얽혀 있는 네트워크다. 그리고 도쿄의 시부야에서 태어난 내가 익숙한 도시의 근대 사회는 그런 그물망의 '매듭'을 하나하나 끊어내는 데 매진해온 사회라고도 할 수 있다.

지방 촌락 공동체는 서로 돕기는 하지만 그만큼 마을의 암묵적인 규칙을 잘 지켜야 한다. 서로서로 신경을 쓰며 살고 동조압력이 강한 세계다. 그런데 내가 오랜 세월 적을 두고 지낸 신문사는 이런 공동체의 폐단을 힘주어 비판하던 언론기관 아닌가. 인습에 칭칭 얽매인 '무라샤카이'를 비판했다. 마을에 이익을 줄 테니 표를 달라는 정치인들이 활개 치게 만드는 것이 바로 이런 지방의 촌락 공동체다. 이렇게 단죄했다.

미리 말해두지만, 나는 여기서 오랜 촌락 공동체주의와 근대주의를 대치시켜 어느 쪽으로 가야 한다는 식의 이야기를 하려는 게 아니다. 한때 나의 취미생활이었던 서핑을 예로 들어보자. 이걸 드넓은 바다에서 끝없이 밀려드는 파도를 마음껏 타는 개인 스포츠라고 생각하면 큰 오산이다. 서핑을 하는 바다에서 가장 높은 사람은, 그 지역에 오래 살며 바닷가의 쓰레기를 자진해서 치우기도 하고 때로는 낚시꾼이나 관광객들 사이의 갈등을 중재하기도 하는, 이른바 토박이들이다. 타지 사람이 서핑을 하러 왔다가 불쑥 이런 사람과 시비가 붙거나 체면을 상하게 하면 뭇매를 맞을 것이다. 옳고 그르고의 문제가 아니다. 바다에서는 그런 법이다. 바다에서는 처음 들어온 사람이 가장 약한 존재다.

　농사도 마찬가지라는 느낌이다. 논에 서면 초보자가 가장 약하다. 옳고 그르고를 따질 문제가 아니다. 그냥 그런 법이라고 느껴진다.

기술을 물려받을
사람만 있다면

어쨌든 문제는 내 논이다. 스승님에게 내가 선물이라고 들고 갔던 것은 도라야[*]에서 만든 양갱뿐이다. 그런데도 꼼꼼하게 가르쳐주신다. 농기구도 쓰게 해주신다. 왜일까.

무서워서 직접 물어본 적은 없으니 다 내 상상에 지나지 않지만, 논농사란 결국 '예술'이기 때문이 아닐까. 영어로 'art'에는 음악이나 미술 같은 예술을 뜻하는 의미가 있지만, 그밖에도 몸을 쓰는 일이라거나 숙련, 솜씨, 기술이라는 뜻도 있다. 'art'의 어원은 라틴어 'ars(아르스)'인데 기술이나 자격, 재능을 가리키는 말이었다. 'ars'의 어원을 또 찾아 들어가면 그리스어의 'techne(테크네)'다. 'techne'란 말은 바로 'technic(테크닉)'의 어원이다. 그러니 'art'란 예술이라기보다 오히려 어원으로 따지면 'technic', 즉 '솜씨'란 말이다. 그렇다면 내가 지금까지 배운 농사야말로 진짜 '아트'다. 풀베기를 비롯해 논 일구기, 물막이 판 치기, 써레질 같은 것들이 모두 다 섬세한 기예이자 테크닉이며, 하는 방식도 농부마다 조금씩 다 다르

[*] 무로마치시대(1336~1573) 후기에 교토에서 창업한 화과자 가게. 1869년부터는 도쿄에도 진출했다.

다. 스승님에게는 스승님의 스승님(부친)이 가르쳐준 테크닉이 있다. 아버님에게는 아버님의 테크닉이 있다. 가만히 보면 자기 자식에게만 물려주는 것 같다.

그런데 이제 그 테크닉을 물려줄 상대가 없다. 생계를 꾸려야 하기 때문에 농사를 물려받으려고 하지 않는다. 실제로 내 논의 주인집 젊은 아들은 시내에 있는 음식점에 일하러 가지 않는가. 스승님의 아들도 자동차 판매점을 한다. 이대로는 오랫동안 전수되어 온 농사 기술이 논과 함께 사라질 것이다. 그러니 근본도 모르는, 알로하셔츠를 걸친 놈이라도 가르치게 되는 상황이다.

그럼에도 아티스트에게 기예의 전승은 더할 나위 없는 기쁨이다. 이런 분위기가 또렷하게 느껴졌다. 아버님은 기분이 상한 듯했지만 결국 그날 물을 전부 양보해주셨다. 자기 논에만 들어가도록 손질해놓은, 옆 도랑 배관에 달린 뚜껑을 스스로 꼭 닫았다.

스승님과 둘이서 아버님이 몸소 닫고 간 그 배관 뚜껑을 보고 있었다. 이제 아버님 논으로는 물이 한 방울도 들어가지 않게 되고 말았다. 산에서 흘러내린 차가운 물은 힘차게 내 논으로 흘러 들어왔다. 물을 받을 수 있게 된 일은 다행이지만 그렇다고 내가 물을 독차지하게 되는 것은 원치 않는다. 반씩 나눠 쓰면 좋을 텐데.

"스승님, 저어… 아버님 논 파이프 뚜껑 말인데요. 열어놓고 가는 게 낫지 않을까요? 제 논은 물을 반쯤만 받아도 되는데. 전부 제 논으로 들어오게 하면 미안하잖아요."

"괜찮아, 됐어! 자기 손으로 닫은 거잖아. 내버려둬!"

스승님은 그러면서 아버님의 뚜껑을 열려고 하지 않았다. 남의 논의 물 파이프는 절대로 다른 사람이 손대면 안 된다는 불문율이 있는 걸까? 여느 때와 마찬가지로 한 시간 일을 마치고 돌아갈 때였다.

"자네 말대로 물 절반은 아버님 논에 대드리는 게 낫겠지?"

스승님은 그렇게 말씀하시더니 아버님 논 쪽의 파이프 뚜껑을 열었다. 그리고 도랑에 있는 돌을 괴어 아버님 논과 내 논으로 흘러오는 물줄기가 절반으로 나뉘도록 했다.

이튿날 아침. 걱정 반, 기대 반이다. 당장 내 논으로 달려갔다. 과연 어제까지 맨땅이 드러났던 논에 물이 가득 차 수면이 거울처럼 평평했다. 아침 햇살을 받아 반짝반짝 빛나는 내 논. 어제 물 다툼 이야기를 전해 듣고 걱정이 되었는지 젊은 논 주인도 살펴보러 나왔다. 스승님과 나까지, 셋 다 웃는 표정이다.

"아버지가 툭하면 우리 쌀은 물이 좋아 맛있다며 자랑하셨죠."

젊은 주인이 내 기운을 북돋워주었다. 농업용수를 쓰지 않고 산에서 흘러내린 물만 쓰니 맛이 특별하다고 한다.

"산에서 흘러내린 차가운 물이 강에서 길어온 미지근한 물보다 좋지. 차가우니까 벼가 스스로 자꾸 자라려고 하는 거야. 사람이나 마찬가지지."

두 번째 어록이 나왔다.

물 다툼이라는 작은 폭풍이 지나고 내 논에는 작은 평화가 찾아왔다. 며칠 뒤, 모내기도 무사히 끝났다. 아버님과 스승님 덕분이다. 이제는 꼼꼼하게 돌아보는 일만 남았다. 모가 듬성듬성 심어진 곳은 손으로 직접 심었다. 모를 갉아먹는 왕우렁이를 손으로 잡아 뭉갰다. 으, 징그럽다. 잡초를 하나하나 뽑았다.

내친김에 아버님 논의 잡초도 손이 닿는 범위에서 베어드렸다. 낯선 농부가 경트럭을 타고 지나가면서 "멋진 논이로군. 좋아, 아주 좋아"라며 웃어주었다. 이곳과 내가 이어지고 있다. 그물과 이어지는 매듭이 지어지고 있다.

"거기는 모 심은 간격이 좁아. 좀 솎아내야겠어."

모를 덧심는 모습을 옆에서 지켜보던 스승님이 주의를 주었다. 솎아낸다는 게 뭐지?

"좁은 공간에 빽빽하게 심으면 뿌리가 뻗지 못해 벼가 제대로 자라지 못하지. 그럼 안 돼. 사람하고 똑같다니까."

세 번째 어록 탄생…. 스승님은 시인인가?

내 유일한 무기는 펜이야

어떻게 말하고 어떻게 마음먹느냐에 달렸지

나는 노래하고 싶어

나는 시인

매일 머릿속에 떠오른 것들이

내 말로 넘쳐나

나는 노래하고 싶어

나는 시인

— Sly & The Family Stone ■, 〈시(Poet)〉

■ 1967년에 결성된 펑크록 밴드.

7. 글쓰기와 벼농사의 세 가지 공통점

스승님의 헛간에 들어가면 농기구나 장비들이
깨끗하고 단정하게 정돈되어 있다.
그 순서가 결코 뒤섞이는 법이 없다.

겉모습은 중요하다.
'농부는 남에게 보이는 모습이 9할'이라고 한다.
농기구도 깔끔하게 정리정돈.

글쟁이에게 도구란 뭘까. 바로 어휘다.
어휘를 도구상자에 깔끔하게 정돈해
언제라도 쓸 수 있도록 준비해두어야 한다.

첫째, 좋은 도구, 즉 어휘를 모은다.
둘째, 항상 정리정돈 한다.
셋째, 풍부한 어휘를 늘 가지고 다니기 위한 근력,
즉 문체를 단련한다.

농부나 글쟁이나 다를 게 없다.

글쟁이와 농부의
공통 철칙

"A weed is a plant out of place."

Let me repeat that.

"A weed is a plant out of place."

I find a hollyhock in my cornfield, and it's a weed.

I find it in my yard, and it's a flower.

"잡초란 제자리에 있지 않는 풀이다."

다시 말하겠다.

"잡초란 제자리에 있지 않는 풀이다."

옥수수 밭에서 접시꽃을 발견했다면 그건 잡초다.

정원에서 같은 접시꽃을 발견했다면 그건 꽃이다.

'펄프픽션의 거인', '싸구려 잡화점의 도스토예프스키' 짐 톰프슨■
이 쓴 《내 안의 살인마》■■에 나오는 말이다. 멋지다. 너무 멋져서
그만 원문까지 인용하고 말았다. 그렇다. 인간이란 다들 어느 정도
잡초 같은 존재다.

농사일에서 가장 단조롭고 따분하면서 고된 일이 바로 이 '잡초 베
기'라는 놈이다. 논두렁길 같은 곳에 풀이 무성한 채 모내기를 하는
농부도 있다. 아버님 같은 분이 그렇다. 앞에서도 썼지만 논농사란
집안마다 내려오는 요령이 있다. 방법은 제각각이다.

　반면 우리 유파, 즉 내 스승님은 깔끔한 것을 좋아하신다. 정리
정돈이 무엇보다 먼저다. 스승님은 깔끔하지 못한 걸 아주 싫어한
다. 스승님의 헛간에 들어가면 농기구나 장비들이 있어야 할 자리
에 제대로 정돈되어 있다. 그 순서가 결코 뒤섞이는 일이 없다. 헛
간인데 깨끗하고 단정하다.

　스승님의 경트럭도 마찬가지다. 짐칸은 칸막이로 구분해 도구
를 가지런히 실었다. 내 고물 경트럭은 비 대책도 갖추지 못한 상태

■　미국 소설가. 사후 20년이 지나 느와르의 거장으로 평가받게 되었지만 생전에는 독자
의 기대를 무시하는 이단적인 작가였다.
■■　1976년과 2010년에 동명의 영화로 만들어지기도 했다.

였는데, 스승님 조언으로 트럭 시트를 사다가 고무 밧줄로 비가 들이치지 않도록 단단히 묶어두었다. 그냥 시트만 쳐두면 빗물이 고여 물웅덩이를 싣고 달리는 아주 볼썽사나운 꼴이 된다. 2미터쯤 되는 나무를 경트럭 짐칸의 시트 아래에 등뼈처럼 세워 시트가 경사지도록 해 물이 고이지 않도록 했다. 여기까지만 해도 제법 프로 냄새가 나는 경트럭이 된다. 겉모습은 중요하다. '농부는 남에게 보이는 모습이 9할'이라고 한다. 농기구도 깔끔하게 정리정돈.

스승님의 방식은 사실 내 문필업에도 들어맞아 자연스럽게 녹아들었다. 글쟁이에게 도구란 뭘까. 바로 '어휘'다. 어휘를 도구상자에 깔끔하게 정돈해 언제라도 쓸 수 있도록 해두어야 한다.

　호러의 거장 스티븐 킹에게는 목수인 오렌 이모부가 있었다. 스티븐 킹이 여덟, 아홉 살 무렵 어느 여름날이었다. 집 뒤편 방충망이 망가져 오렌 이모부가 바꿔다는 일을 소년 스티븐 킹이 거들었다. 이모부는 30~50킬로그램이나 되는 무거운 도구상자를 들고 집 뒤로 돌아갔다. 방충망이 망가진 곳으로 가서는 킹에게 도구상자에서 드라이버를 꺼내라고 했다. 작업이 끝난 뒤 이모부는 킹에게 드라이버를 건네며 다시 도구상자에 넣으라고 했다.

　하지만 킹은 이해할 수 없었다. 드라이버 하나로 끝날 일이라면, 왜 이렇게 무겁고 커다란 도구상자를 통째로 가지고 왔지? 바지 뒷주머니에 드라이버를 꽂고 오면 그만 아닌가?

"맞아. 그렇지만 말이야, 스티브." 이모부는 허리를 구부리고 도구상자 손잡이를 잡으며 말했다. "어떤 도구가 필요한지 여기 와보기 전에는 알 수 없기 때문이야. 그래서 도구는 늘 모두 가지고 다니는 게 좋지. 안 그러면 무슨 일이 생겼을 때 곤란해지거든."
능력을 최대한 발휘해서 문장을 쓰려면 자기 도구상자를 마련해 그걸 가지고 다닐 근육을 키워야 한다. (중략) 외할아버지가 쓰던 도구상자는 3단으로 되어 있었다. 나는 여러분이 최소한 4단으로 된 연장통을 마련해야 한다고 생각한다. (중략) 자주 쓰는 도구들은 제일 위에 있는 칸에 둔다. 어쨌든 가장 많이 사용하는 도구, 글쓰기의 가장 중요한 재료는 어휘다. 이때 여러분이 지니고 있는 어휘들만 잘 모아 담아도 창피할 일이 전혀 없다.
— 스티븐 킹, 《유혹하는 글쓰기》

좋은 도구, 즉 어휘를 모은다. 정리정돈한다. 그걸 언제나 가지고 다닌다. 가지고 다니기 위한 근력, 즉 문체를 단련한다. 기술자나 농부나 글쟁이나 다를 게 없다.

소외된 노동이 아니면
잡초 베기도 재밌다

그러니까 결국 스승님 방식은 깔끔한 정리정돈, '보기에도 깨끗하게'다. 논두렁길이나 돌울타리, 물길에 잡초가 멋대로 자라는 것은 두고 보지 못한다. 틈만 나면 김매기를 한다.

모내기를 무사히 마치고 가뭄이 심해지는 6월 하순. 달리 할 일도 없어 매일 논에 나가 열심히 김매기를 했다. 이른 아침이라고는 해도 햇볕이 뜨거운 계절이라 10분만 지나면 알로하셔츠가 땀에 흠뻑 젖었다.

잡초는 워낙 생명력이 강하다. 깔끔하게 베어놓았던 논두렁길도 도쿄 출장 때문에 일주일만 논을 비우면 잡초가 다시 잔뜩 자라나 있다. 그야말로 무성하다. 그러면 손으로 뽑기는 너무 힘들다. 이미 굵은 뿌리가 넓게 뻗어나간 상태다. 이 녀석들을 낫으로 쓱쓱 벤다. 논두렁 흙바닥에 닿거나 돌울타리 같은 데 닿으면 귀에 거슬리는 소리가 난다.

학창 시절 야구나 축구 동아리 활동과 비교하면 잡초 베기는 공 줍기나 그라운드 고르기 같은 거다. 상급생이 시키면 마지못해 하는 일. … 이렇게 생각하고 있었는데 실제로는 그렇지 않았다. 공 줍기가 공 줍기가 아니게 된다. 어떻게 된 일인가.

이미 말했듯 현대를 살아가는 인간은 부품이 되어버린 노동을 하며 살아간다. 유니클로 같은 대기업에서 내가 하는 일은 거대한 컨베이어 작업의 아주 일부분일 뿐이다. 작은 톱니바퀴가 하는 역할과 같다. 업무의 전체적인 모습은 보이지 않는다. 내가 없어진다고 해도 다른 톱니바퀴, 부품으로 바로 대체된다. 결국 나 같은 건 있어도 그만, 없어도 그만인 존재다. 그런 노동이 '먹고살기 위해 하는 일', '살기 위해 참고 견디는 일'이 되는 것은 당연하다.

헤겔이 《정신현상학》에서 말했다. 이미 원시시대부터 인간사회는 주인과 노예로 계급이 나뉘어 있다고. 노예는 주인을 위해 매일 노동에 종사한다. 그러기 위해 노예는 매일 '죽음에 대한 불안'에 노출되어 있어야 한다. 죽음에 대한 불안은 인간사회의 바탕을 이루는 근본 계기다.

만약 인간에게 그런 불안이 없었다면 어땠을까. 아마 질서나 노동도, 부의 축적이나 권력도 생기지 않았을 것이다. 존재해야 할 필요가 없기 때문이다. 그렇기에 '죽음에 대한 불안'에서 시작된 노동이 '참고 견디는 일'이 되는 것은 피할 수 없는 문제다.

이제부터 이야기가 재미있어진다. 아침에 딱 한 시간만 논에 들어가는 나의 이 노동도 애당초 '죽음에 대한 불안'에서 시작된 것이다. 잡지가 픽픽 망해나간다. 출판 시장이 매년 쪼그라든다. 원고료도 낮아지는 추세. 계속해서 글쟁이로 살아갈 수 있을까? 그런 '죽음에 대한 불안'을 안고 어떻게든 글쓰기에 매달리려고 시작한 일이다.

쌀만 있으면 일단 굶어 죽지는 않을 것이다. 나 하나 1년 먹을 만큼의 쌀은 농사를 지어 얻을 수 있으리라. 그러면 잡지가 망하건, 출판업계가 말라비틀어지건, 글 쓰는 일을 놓치지 않고 살아갈 수 있지 않을까?

그런데 '죽음에 대한 불안'에서 시작한 이 논농사라는 게 처음부터 끝까지, 잡초 베기에서 수확 때까지 내가 하는 노동의 전체적인 모습이 보이는 일이었다. 내 몸뚱이를 움직이지 않으면 이 노동 컨베이어는 돌아가지 않는다. 다른 사람과 분업하는 게 아니다. 일할 사람은 나 하나뿐이다.

이렇게 생각하면 노동의 한 부분 부분, 가장 따분하고 힘들고 괴로운 잡초 베는 일마저 힘들지 않다. 오히려 즐겁다. 공 줍기가 공 줍기가 아니게 되는 것이다. 내가 나 자신에게 명령해 잡초를 베고 있다. 뭐, 잡초 베기 같은 건 하지 않아도 쌀은 생길 테지만 돋아나는 잡초들을 짬짬이 벴다. 그러면 논이 반짝반짝 빛이 난다.

내 주위에서 논농사를 짓는 사람은 아버님을 비롯해 진짜 농부들뿐이다. 그들이 보살펴야 할 대상은 쌀뿐만 아니다. 감자와 양파, 콩도 재배하고 있다. 어쩌면 과일이나 꽃도 키우고 있을지 모른다. 겸업 농가여서 회사로 출퇴근할지도 모른다.

60평 논만 돌보는 나와는 큰 차이가 있다. 그래서 다른 농부들은 논에만 신경 쓸 수 없다. 모내기가 끝나면 논의 수량이나 확인하러 오는 정도다.

그런데 내 논은, 동아리 운동 연습도 없는 신입생이 매일 아침 일찍 나와서 잔돌을 줍고 땅을 고르는 운동장 같았다. 논이 점점 깨끗해졌다. 그게 쌀 수확량과 관계가 있을까? 아마 없을 것이다.

하지만 내 기분이 좋다. 개운하다. 점포 책임자나 매니저, 부문 총괄 책임자에게 지시받아서 하는, 참고 견디는 톱니바퀴의 일이 아니다. 소외당한 노동이 아니다. 내가 하고 싶어 하는 일로 어느새 변화되어 있다. 논에서는 잡초 베기도 재미있다.

그래도 싫은 건
싫은 거다

이렇게 으스대며 있다 보면 바로 나타난다. 잡초 베기를 '하고 싶지 않은 노동', '참고 견디는 톱니바퀴 같은 일'로 변질시키는 아주 기분 나쁜 놈이.

돌울타리 쪽 잡초를 베는데 좁은 물길에 시커멓고 커다란 도마뱀 한 마리가 물웅덩이에 떡하니 들어앉아 있다.

"인마, 너 뭐야? 비켜. 여긴 내 논이야."

삽으로 겁을 줘도 꿈쩍하지 않는다.

'너야말로 누구냐?' 도마뱀이 그런 눈빛으로 나를 노려보고 있다. 하기야 이 논은 이 녀석 것인지도 모른다. 나야말로 타지에서 온 처지. 새내기다. 삽을 던져 도망가게 할 수도 없다. 자칫 잘못해 맞으면 몸통이 토막 날 것 같아 무섭다. 벌레, 양서류, 파충류… 논에는 기분 나쁜 녀석들이 우글거린다.

논농사를 시작한 4월. 경작을 포기해 잡초가 무성하던 논의 풀을 베고 땅에 물막이 판을 쳐서 물길을 손질했다. 스승님께서 물길을 청소하라고 하셨다. 삽으로 바닥을 파내려고 했더니 "그게 아니지!"라며 호통을 치셨다.

스승님은 맨손으로 수로 밑바닥까지 손을 쑤셔넣어 풀과 잔돌을 치우며 청소를 했다. 자그마한 게 같은 것들이 손에 걸렸다가 꾸물꾸물 빠져나간다. 그걸 모았다가 멀리 내버렸다.

"이놈들이 모를 갉아먹지."

그러면서 스승님은 그놈들을 딱딱한 땅바닥에 던져놓고는 짓이겼다. 큼직한 우렁이였다. 왕우렁이라고 부른단다. 끔찍하다. 이건 정말 끔찍하다. 뭐가 뭔지 모르겠다. 이 진흙 속에 손을 쑤셔넣으면 더 많은 생명체가 나올 것이다. 우웩.

몇 번이나 말했지만 나는 도쿄 시부야에서 태어났다. 흙장난 같은 건 해본 적이 없다. 어렸을 때부터 벌레란 벌레는 모조리 싫었다. 내가 비겁해서 그런 건 아니라고 생각한다. 싸움도 피한 적은 없다. 남자 형제 셋 가운데 중간이라 형이나 동생과도 자주 다투었다. 내가 고집이 세기는 했으리라. 하지만 벌레만은 너무 싫다.

비가 갠 길 위에 지렁이가 기어 다니면 온몸이 굳어져 저만치 돌아갔다. 고등학교 생물 시간에 개구리 해부를 할 때는 여학생들 눈총을 받으면서도 교실을 빠져나가 땡땡이를 쳤다. 가난한 형편 탓에 민달팽이나 도마뱀 같은 것들이 기어 나오는 낡은 집에서 자랐다. 정말이지 진심으로 그 집에서 탈출하고 싶었다.

한심하다고? 인정한다. 겁쟁이라고? 나도 그렇게 생각한다. 하지만 싫은 건 어쩔 수 없다. 싫은 건 싫은 거다. 논농사를 시작할 때 사실 가장 마음에 걸렸던 것이 이 벌레들이었다. 어렸을 때 벼농사를 지었다는 후배 기자에게 미리 물어본 적이 있다.

"농사를 짓다 보면 해야 할 일이 백 가지는 되지."

그러면서 1년 동안 해야 할 작업의 흐름을 꽤 자세히 설명해주었다. 열심히 메모하면서 고분고분 강의를 들었다. 하지만 내 질문은 벌레에 관한 것뿐이었다. 어떤 벌레가 나오느냐, 어느 계절에 어떤 벌레가 나오느냐, 장화 안으로 기어 들어오느냐, 거머리는 눈치채지도 못한 사이에 달라붙는다던데 그게 정말이냐… 이런 질문들만 계속 던졌다.

"논에 벌레가 있는 게 당연하잖아? 없으면 이상하지. 여러 가지 벌레가 논에서 살아가. 배설하고 죽고 해체되지. 그런 생물의 다양성이 전부 논에 영양을 공급하는 거야."

'이 인간은 아무래도 농사 못 지을 것 같은데' 싶은 후배의 표정이 지금도 눈에 선하다.

논에 벌레가 있는 건 당연하다. 논이란 지렁이 소굴, 개구리 왕국, 거머리 대합실이다. 나는 거기에 내 발을 찔러 넣으려고 하는 거다. 스토리가 빤한 드라마라면 처음에는 벌레를 싫어하던 도시 남자가 차츰 논과 자연에 익숙해져 벌레가 아무렇지도 않게 된다. 오히려 벌레를 가지고 노는 식으로 이야기가 전개될 테지만 나는 절대 그렇지 않다. 그렇게 될 수 없다. 싫은 건 싫은 거다. 이건 양보할 수 없는 문제다.

으악, 벌레 지옥!

6월. 장마가 시작되었다. 벌레가 기승을 부리는 계절. 승부는 이제부터다. 더 무시무시한 '천적'과 대치하게 된다.

수로를 다듬고 둑에 흙을 쌓아 단단히 밟아준다. 물이 새나가지 않도록 점토처럼 만드는 것이다. 이때쯤이면 삽으로 퍼낸 진흙에서 꿈틀꿈틀 기어 나오는 지렁이 때문에 "어헉" 하며 기겁을 한다. 그 흙은 둑에 얹을 수 없다. 나중에 발로 다질 때 밟힐까 무서워서.

무더운 날, 돌울타리 쪽 잡초를 베고 있었다. 돌울타리를 따라 왼손으로 잡초를 움켜쥐고 오른손으로 낫질을 했다. 10분쯤 하면 땀이 비 오듯 한다.

오른손과 왼손 사이에 시커멓고 굵은 뱀이 스윽, 하는 소리를 내며 나타났다. 온몸이 얼어붙었다. 형편없는 인간, 진짜 쓸모없는 인간이다. '에라이, 너 같은 놈은 그냥 굶어 죽어라. 네까짓 게 무슨 농사야!' 내가 생각하기에도 참 딱하다.

처음 농사를 시작하는 사람을 위한 도움말을 주는 농학자 고도 요시히사가 이렇게 썼다. 풀 소리, 벌레 소리가 들리지 않는 사람은 농사가 맞지 않는다고. 아마 맞는 말이리라. 그럼 나는 농사를 그만 둬야 할까? 그만둘 수가 없다. 속임수라고? 맞아, 속임수라고 생각 한다. 하지만 살아가야 한다.

어쨌든 살아 있으니 속임수를 쓰고 있는 게 틀림없지.
— 다자이 오사무, 《사양》

농업에 대해서는 아는 게 하나도 없다. 벌레도 만지지 못한다. 사교성도 없고 커뮤니케이션 능력은 제로에 가깝다. 이렇게 형편없 는 인간이라도 만약 벼농사만 지을 수 있다면…. 만약 내가 해낸다 면 이 세상 어떤 겁쟁이, 비겁자, 히키코모리, 니트족도 할 수 있을 것이다. 모두가 살아가기 위한 허들의 높이를 낮춰야 한다. 그러기 위해 나는 일종의 실험을 하고 있는 셈이다. 누가 부탁하지는 않았 지만.

물을 가득 채워 눈물이 날 만큼 아름다운 나의 논. 사방을 둘러보았지만 어디서도 물이 새지 않는다. 둑을 밟아 다진 보람이 있다. 하지만 오늘부터는 그 물이 찬 논 안을 돌아다니며 작업을 해야 한다.

이제 장화는 신을 수 없다. 깊이를 알 수 없는 늪을 걷는 듯해 장화를 신고는 걸음을 옮길 수 없다. 지렁이나 거머리, 개구리를 비롯해 이름도 모를 생물체가 다양하게 존재하는 논 안을 평소에는 맨발로 걸어야 한다.

"우리야 익숙하니까 늘 맨발로 들어가지. 자네처럼 발바닥이 말랑말랑하면 발바닥 배길걸."

히죽히죽 웃는 스승님, 이제 내가 생각하고 있는 것쯤 빤히 들여다보신다. 치, 누가 맨발로 들어갈 줄 알고?

"스승님, 근데 거머리 같은 거 붙지 않나요?"

"그야 붙지. 거머리에게 피를 빨리면 혈액순환 좋아져서 오히려 몸에 좋아."

스승님은 의기양양하게 웃었다.

문명이란 참으로 고마운 것이다. 지금은 모내기용 지카타비 같은 문명의 이기가 있다. 발의 첫째, 둘째 발가락 사이가 갈라져 있어 이걸 신으면 발에 힘주기가 편하다. 늪 같은 논에서도 엎어지거나 자빠지지 않는다.

나 같은 괴짜가
또 있다니

어느 날, 아침 일을 마치고 스승님과 잡담을 나누고 있을 때였다.

"자네 같은 괴짜가 한 명 더 있어."

여기서 산으로 더 들어가면 혼자 논농사를 짓는 남자가 있단다. 농약을 쓰지 않고 자기만의 농법으로 농사를 짓는 모양이다. 이름은 모른다. 휴대전화 번호도 모른다. 말투로 보아 이곳 토박이는 아닌 모양이다. 도쿄 부근에서 온 사람 아닐까? 어쩌면 동지일지도 모른다.

스승님에게 길을 물어 내 논에서 차로 20분쯤 떨어진, 꽤 좁은 산길을 올라가는 루트를 알아냈다. 대충 눈치로 여기가 아닐까 싶은 논을 찾았다. 논은 사람 손이 간 상태였다. 하지만 아무도 없었다. 지나다니는 사람도 보이지 않았다. 꽤 깊은 산속이었다. 그 뒤로 이 산속의 괴짜 찾기도 내 미션 가운데 하나가 되었다. 매일 그 길을 지나 돌아왔다.

어느 날 오후, 스승님이 자치회장을 찾아가 무인 헬기를 신청하라고 하셨다. 무인 헬기란 리모컨으로 조종하는 장난감 같은 헬리콥

터인데, 벼멸구나 방귀벌레 같은 벼농사에 해가 되는 벌레를 막기 위한 농약을 뿌릴 때 사용한다. 지역 농가가 수요를 파악해 영농조합에 신청하게 되어 있다. 8월에 한 차례, 9월에 두 차례. 합쳐서 세 차례 뿌리는데 2만 엔이라는 싼값에 이용할 수 있다.

'나는 농약을 치지 않을 거요. 필요 없소'라고 고집 부릴 사람도 물론 없지는 않겠지만, 어쨌든 헬기로 옆 논에 농약을 뿌리니 바람이라도 불면 당연히 이쪽으로도 날아온다. 내 논은 작은 초등학교 옆에 있다. 인체에 독이 될 약을 어린이들이 노는 곳 옆에다 어떻게 뿌리겠는가. 상식적으로 생각해봐도 있을 수 없는 일이다.

하지만 나는 땅을 빌리고 농기구도 공짜로 얻어 쓰며 농사일도 기초부터 배우는 처지다. 그러니 마냥 싫다고 할 수도 없다. 냉큼 "옙!" 하고 농협에 들렀다가 자치회장 집으로 가서 신청하고 왔다. 해가 이미 저물어가고 있었다.

최근에는 산속 괴짜 농부를 찾으려고 이른 아침에 논일을 마친 뒤, 산속의 그 사람 논을 거치는 산길을 지나 돌아오곤 했다. 차가 지나다니기 불편한 산길인 데다 해도 저물어 오늘은 바로 집으로 돌아갈까 했지만, 습관처럼 또 괴짜 농부의 논을 들렀다 가게 되었다. 울창한 대나무 숲을 지나 인가도 없는 산속. … 그날 그가 거기 있었다.

내 다랭이논보다 더 산속으로 들어간 곳에 있는 작은 논. 한 남자가 뭔가 작업을 하고 있었다. 그 사람이 틀림없다.

"실례합니다. 이쪽에 유기농법으로 농사짓는 분이 있다고 들었는데요."

모르는 사람에게 말 붙이는 일에는 아주 서툴지만, 경트럭에서 내린 나는 퍼뜩 남자에게 말을 걸었다.

"유기농이라고 해야 하나…? 농약을 치지 않고 합니다만."

아래쪽 논에서 비탈을 올라온 빨간 작업복 남자가 대꾸했다. 예상 밖으로 붙임성이 좋아 보였다. 내내 혼자 작업하느라 대화에 굶주렸다는 느낌. 그는 쌀과 채소 농사를 짓고 있다. 완전히 무농약. 화학비료도 쓰지 않는단다. 게다가 소똥이나 닭똥도 쓰지 않는다.

"그야 냄새가 심하잖아요."

냄새 속에서 농사일을 하면 기분이 처진다. 자기 기분이 가라앉는 일은 하고 싶지 않다고 한다. 과연! 그 말에 격하게 공감했다. 왠지 말투가 익숙하지 않은 사투리로 들렸다. 출신지를 묻자 아니나 다를까 도쿄라고 한다. 도쿄 이케부쿠로 출신.

"어, 나도 시부야 출신인데."

내가 밝히자 갑자기 더 친해진 느낌이 들어, 서로 자기 처지를 하소연하느라 시간 가는 줄 몰랐다. 산속 괴짜 농부 다카무라 씨는 이름만 대면 누구나 아는 대기업에 연구직으로 입사했었다고 한다. 입사 초기에는 수도권 지역에서 사무직으로 일했다. 그다음 발령받은 곳이 나가사키. 거기서는 입사 때 지원했던 연구직으로 일했다. 하지만 이공계 쪽 업무는 만만치 않다. 여러 해 연구 현장을 떠나 지내다 보니 첨단 업무를 따라갈 수 없었다고 한다. 지식이나 정보의 측면에서 후배들에게 추월당해 늘 마음이 편치 않았다. 차츰 하는 일도 줄어들어 사람들 대하기도 힘들어졌다.

처음에는 어디까지나 취미로 논일을 시작했다고 한다. 차를 몰고 나가사키 현 이곳저곳을 돌아다니며 물 좋은 논을 찾았다. 그러다 발견한 곳이 바로 여기, 이사하야 시 이모리였다. 문득 주위를 둘러보니 아름다운 풍경에 마음을 정하고 말았단다.

"여기 참 좋죠. 물도 좋아요. 손을 씻어보면 알 수 있다니까요. 철분이 많아서 손이 거칠어지죠. 대신 무 같은 건 아삭아삭하고 아주 맛있어요."

어느새 다카무나 씨의 사투리가 도쿄 말투로 바뀌었다. 둘이서 한동안 이야기에 빠져들어갔다.

"농사일을 시작한 첫해에는 주변에서 드디어 정신이 나갔다는 소리를 들었죠. 그렇지만 두 해째 농사를 짓자 아무도 그런 소리를 하지 않더군요."

깊은 산속에 있는 땅을 고른 까닭도 그냥 우연일 뿐이라고 했다. 아는 사람이 있었던 것도 아니다. 방치된 논 근처에서 일하고 있던 농부에게 "이쪽 논을 경작하고 싶은데요"라고 말을 건넸다고 한다. "곧 자치회 회의가 있으니 거기 가서 회장님에게 물어보라더군요."

다카무나 씨가 대단한 점은 그 말을 듣고 정말로 자치회 모임이 열리는 날 찾아갔다는 사실이다. 마을회관에서 열린 모임은 회의라기보다 그냥 술자리였다. 다카무나 씨는 거기서 자치회 회장에게 바짝 달라붙어 자기 마음을 털어놓았다. 회장님도 술기운이 얼큰하게 올라 "아, 그래. 좋아" 하며 허락했다.

후에 다시 회장을 찾아갔더니 "내가 그런 소리를 했나?"라며 전혀 기억나지 않는다는 표정을 짓더란다. 하지만 포기할 사람이 아니었다. 논을 빌려줄 사람을 제대로 소개받을 때까지 물고 늘어졌다. 다카무나 씨가 소개받은 논은 주변 농가도 없는 곳이었다. 여기라면 농약을 쓰지 않고 농사를 짓건 말건 주위에 폐를 끼치지 않는다. 그렇다고 해도 차나 사람이 지나다니는 길이기 때문에 터무니없는 짓을 할 수는 없다. 불법 작물이라도 재배하면 당연히 주위 농가에도 민폐가 된다.

역시. 나도 마찬가지였지만 갑자기 뛰어들어도 이럭저럭 꾸려갈 수 있는 게 아마추어의 소규모 얼터너티브 농사다. 다카무나 씨는 농사에 대한 취미가 더 깊어져 결국 올봄에 회사를 그만두었다. 처자식이 있지만 식구들이 먹고살 수 있을 정도는 수확할 수 있을 거란다. 회사에 다닐 때 모아놓은 돈도 있었다. 거기다 시골에서는 돈 쓸 일도 없다.

그 부분이 나와 가장 다른 점이기는 했다. 나는 글을 쓰려고 농사를 짓는다. 프로 농부가 되고 싶은 게 아니다. 오히려 늘 아마추어라는 사실을 잊어서는 안 된다.

"그런데 몇 살이죠?"

다카무나 씨가 내게 물었다. '쉰'이라고 대답하자 깜짝 놀랐다.

"아니, 형님이시네. 젊어 보이는데. 역시 자유로운 일을 하면 늙지 않는군요."

칭찬인지 뭔지 알 수 없지만, 어쨌든 재미있는 사람이다. 서로 전화번호를 주고받고 나중에 한잔하기로 했다. 도쿄 출신 아마추어 농부끼리. 귀중한 정보 교환 상대가 될 것이다.

멧돼지를
막아라

다음 날 아침, 상쾌한 기분으로 논에 나오니 근처 농부 세 명이 모여서 무슨 이야기를 나누고 있었다. 다들 언짢은 표정이다. 어젯밤에 멧돼지가 밭에 들어와 감자를 먹어치웠다고 한다. 못 들어오게 막으려고 전류가 흐르는 전선을 쳐놓았는데도 한 부분이 망가져 밭으로 들어온 것이다.

나가사키 현은 어디나 산이 가까워 멧돼지 피해가 아주 심하다. 감자나 양파만 먹고 간다면 그것까지야 괜찮지만(안 괜찮은가?) 아주 지나다니는 길로 만들어버린 곳도 있다. 하필이면 수확을 앞둔 밭만 골라서 나타난다고 한다. 논도 예외 없이 망가진다.

심어놓은 모를 먹으러 오는 게 아니라 '물놀이'를 하러 온다. '놀이'라고 했지만 장난이 아니다. 멧돼지는 온몸에 붙은 진드기가 가려워 논에 들어와서는 이리저리 뒹굴며 몸부림을 친다.

사냥꾼이 처치한 멧돼지 시체를 본 적이 있다. 사타구니에 아주 큰 진드기가 달라붙어 있었다. 엄지발가락 발톱 만한 것도 있었다. 이런 놈이 물어대면 멧돼지도 견딜 수 없으리라. 그렇다고는 해도 내 논에서는 제발 그러지 마라. 진흙 있는 물웅덩이는 산속에도 있을 거 아니냐. 스승님한테 들은 이야기인데, 한 번이라도 멧돼지가 들어온 논의 쌀은 먹을 수 없다고 한다. 냄새 때문이다.

스승님 논 주위에는 전류가 흐르는 선을 쳐두었다. 내 논은 그물 모양 철책을 쳤다. 하지만 이것도 내 논에만 쳐봐야 의미가 없다. 인접한 논에도 빈틈없이 쳐야지, 한 곳이라도 구멍이 뚫리면 멧돼지는 그리 들어온다. 자기 논만 단단히 막아봐야 소용없다. 여기서도 팀워크, 마을의 협동이 중요하다.

"스승님 논은 괜찮겠어요? 철책을 둘러야 하는 거 아닌가요?"

갑자기 걱정되어 스승님에게 물었다.

"아마 괜찮을 거야. 작년에 새로 울타리를 쳤으니까. 이걸 밀고 들어오면 정신 나간 놈이지."

하지만 전기가 흐르는 선을 피해 들어오니 정신은 충분히 있는 것 같다.

시골은
돈이 들지 않는다

그로부터 며칠 뒤. 전화번호를 교환했던 다카무나 씨와 산속 작은
식당에서 한잔하게 되었다. 회사를 그만두어 돈이 없다고 미리 방
어선을 치는 다카무나 씨에게 내가 말했다.

"오늘은 내가 사지. 맥주라면 실컷 마셔."

여러 가지 정보를 얻을 테니 맥주 값 정도야 내가 내는 게 당연
하다. 술이 들어가자 안 그래도 말이 많은 다카무나 씨의 입이 더욱
바빠졌다. 회사를 그만둔 이유부터 장래 설계, 아내와 어떻게 만났
는지 등등. 물론 농사에 대한 생각들도 이야기했다.

'시골은 돈이 들지 않는다'는 의견에 전적으로 동의했다. 다카무나
씨는 지금은 아파트에 살지만 나중에는 자기 집을 지을 계획이라고
했다. 산속 땅은 공짜나 마찬가지. 평평한 땅을 골라 큰 나무를 전
기톱으로 베어내 집을 짓겠단다. 그러면 돈이 더 절약될 것이다.

"집을 지을 때 쓸 자재는 철물점에서 사올 겁니다."

다카무나 씨는 침을 마구 튀기며 설명했다.

"힘 좀 쓸 것 같은데, 목재 옮기는 일 같은 것 좀 도와줘요. 나중

에 곤도 씨도 직접 집 지을 때 도움 되지 않겠어요?"

제멋대로 일을 시키려드는 수작이다. 뭐 재미있을 것 같으니 거들어도 괜찮겠지. 다만 나는 집 지을 생각이 없다. 프로 글쟁이에게 그럴 시간은 없을 것이다. 이건 몇 번이고 스스로 다짐해야 한다. 가장 중요한 문제니까.

나는 왜 도쿄 변두리에서 여기까지 오게 되었나. 좀 속된 표현을 하자면 이렇다. 글쟁이로 돈을 벌고 싶다. 그 길에 내 짧은 인생을 걸고 싶다.

직업적으로 글을 쓰기 시작한 지 30년. 이제 겨우 깨닫게 된 사실이 있다. 문장을 쓰기 전에는 내가 무얼 생각하고 있는지도 모른다. 문장을 조립하면서 겨우 '아, 내가 이런 생각을 하고 있었나' 하며 놀란다. 생각이 있어 문장이 정리되는 게 아니라 거꾸로다. 문장이라는 내 커다란 꼬리에 휘둘려 내 생각을 깨닫게 된다.

그런 내 생각을 어떻게든 '상품'이 될 만한 수준으로 갈고닦아 정리하고 포장까지 한 다음 편집자에게 보여준다. 가격표가 붙을 때도 있다. 운이 좋으면 독자에게 닿는다. 독자가 되어준 분들이 웃거나 우는 일도 있다. 뜻밖의 기쁨이다.

그러기 위해 잠자는 시간까지 줄여가며 동도 트기 전에 이런 원고를 쓰고 있는 것이다. 한심한 이 중생이 한마디 하자면, '무슨 대단한 일을 한다고 잠도 안 자고 이런 걸 쓰고 있는 거지?'라는 생각이 든다.

그러나 나는 사명감이랄까, 의무나 책임감 때문에 이런 일을 하고 있는 게 아니다. 즐겁다. 떨린다. 문장을 쓰고 있을 때만은 불타오른다. 타올라라, 타올라라, 뼈까지 타올라 새하얀 재가 될 정도로 다 타버리고 싶은 것이다.

마치 《내일의 조》▪ 같지만 결국 '농부'로서 불태우고 있는 게 아니다. '글쟁이'로 불태우고 있다. 농부는 글쟁이라는 창을 평생 휘두르기 위한 갑옷 혹은 방패다. 글쓰기를 포기할 수 없다. 흙에는 그 정도의 투정을 허락해줄 도량이 있지 않을까 하는 예감이 있었다. 그 예감이 확신으로 변하는 오늘이다.

▪ 1960년대 말부터 1970년대 초까지 만화 주간지에 연재된 권투 만화. 다카모리 아사키 작, 치바 데츠야 그림. 우리나라에는 《도전자 허리케인》이란 제목으로 알려졌다.

유기농의
세 가지 신화

그런데 다카무나 씨는 왜 그렇게 농약을 쓰지 않으려는 걸까. 이른바 '자연농법'을 설명하는 책을 읽고 깨달았다고 한다. 가와구치 요시카즈[*]의 《묘한 밭에 서서》나 후쿠오카 마사노부[**]의 《자연농법 – 짚 한 오라기의 혁명》, 《기적의 사과 – 절대 불가능을 뒤엎은 농부 기무라 아키노리의 기록》같은 책. 텔레비전이나 라디오, 잡지에서 자주 소개하던 유명인 가운데 유명인이다.

마침 가지고 있던 잡지를 들춰보니 직장을 그만두고 펜션 주인이 된 전직 무역회사 직원의 기사가 실려 있었다. 가와구치를 비롯한 여러 사람이 주장하는 자연농법, 즉 '땅을 갈지 않고 풀과 벌레를 적으로 삼지 않으며 비료와 농약을 주지 않는' 재배법으로 채소를 가꾸어 숙박객의 밥상에 올린다고 한다. 옥외에 자연발효 화장실이 있고 하수를 쓰지 않고 대소변은 발효시켜 퇴비로 만든다. 튀김 기름은 트랙터 연료로 쓰고, 꽃에 주는 물은 빗물을 받아서 쓰며, 빨래할 때는 가급적 숯과 소금을 사용한다. 상당히 철저하다.

■　1970년대부터 자연과 인간의 공생을 추구하는 자연농업을 실천하고 있다.
■■　농부이자 철학자, 환경운동가. 1937년부터 자연농업을 시작했다.

에콜로지, 오가닉, 자급자족에 슬로우라이프. 이제는 귀에 익은 로하스적인 삶을 실천하고 있다.

기사는 이렇게 이야기한다. '생태계를 파괴하지 않으며 채소를 재배하는 자연농법에서는 풀이나 벌레도 적이 아닙니다.'

으음…. 미리 말해두지만 나는 그런 삶을 디스하는 게 아니다. 이렇게 사는 방법도 있구나, 라고 생각한다. 존경한다. 훌륭하다고 생각한다. 동시에 '나는 이렇게 살 수 없을 거야. 아니, 난 이렇게 하지 않을 거야'라는 생각도 한다. 기술적으로 불가능하다고 생각하는 게 아니다. 뭐랄까, 취향이 다르다.

다카무나 씨가 물어보기에 내 논 이야기를 했다. 완전히 아마추어라서 앞뒤 분간도 못하기 때문에 스승님이 시키는 대로 농사를 짓고 있다. 제일 먼저 한 일은 잡초 베기였고 경운기를 써서 두 차례나 논을 갈았으며 화학비료도 듬뿍 뿌렸다. 농약 살포용 헬기도 며칠 전 자치회장님 집에 가서 신청했다….

다카무나 씨는 급격히 흥이 식은 듯했다. 슬쩍 웃음을 지으며 '너 아무것도 모르는구나'라는 표정을 지었다. 그 기분은 이해한다. 보통 직장을 때려치우고 농사를 짓는 사람은 그야말로 에코에 로하스, 슬로우라이프를 지향할 것이다. 농업을 나처럼 수단이 아니라 그 자체로 목적으로 삼는 사람에게는 농약과 화학비료를 쓴다는 사실만으로도 내 시도는 '아웃'일 것이다.

아사히신문에 '알로하셔츠를 입고 모내기를 해보았습니다'라는 제목의 기사를 연재했을 때, 독자 반응이 대단했다. 엄청나게 많은 편지를 받았는데 고맙게도 대부분 호평이었다.

하지만 딱 한 통, 화를 내는 편지도 있었다. 농약을 쓰고 있다는 사실을 솔직하게 밝혔을 때였다. '지금까지 재미있게 읽었는데 농약이라니, 이게 뭐냐. 아사히신문도 농약의 위험성을 여러 차례 기사로 다루었을 텐데'라면서 연재 기사를 전체적으로 부정하는 내용이었다.

회사 간부는 심지어 연재를 중단해야 한다고 했다. 내가 회사 방침과 다른 내용을 태연하게 쓰고 있다고 지적하면서 말이다.

내가 회사 방침과 다른 내용을 태연하게 쓰는 것은 늘 하던 짓이다. 또 농약 사용을 결코 허용할 수 없다고 생각하는 사람이 있다는 사실을 알고 있으며, 그 사람들 판단이 잘못되었다고 주장할 생각도 없다. 그런 입장도 있을 수 있으리라.

다만 나는 환경론자들이 들으면 터무니없는 소리라고 여길 '일본의 농약 기준은 세계에서 가장 엄격하다'는 주장을 어느 정도 받아들이는 편이다.

짝퉁 농부인 나 같은 사람이 하는 말보다 실제로 유기농법을 써서 채소 재배에 성공을 거두고 있는 전업 농부의 이야기에 귀를 기울이는 편이 나을 것이다.

세상 사람들이 가지고 있는 유기농업에 관한 그릇된 이미지를 나는 '유기농업의 세 가지 신화'라고 부릅니다.
— 히사마쓰 다쓰오 ■《그럴 듯한 소리 빼고 이야기하는 농업》)

세 가지 신화란 '유기농이라 안전하다', '유기농이라 맛있다', '유기농이라 환경에 좋다'를 말한다. 이 책에 따르면 '유기농이라 안전하다'는 사실이 아니다. 유기농업이 위험하다는 뜻은 아니지만, 유기농은 적절하게 농약을 쓴 일반 농작물과 비슷한 정도로 안전하다.

농약의 독성이 얼마나 심한지 나타내는 수치 가운데 가장 중요한 것이 'ADI(Acceptable Daily Intake)'다. '일일 섭취 허용량'을 뜻하는데, 쉽게 설명하면 다음과 같다. 사람이 농약을 함유한 식품을 일생 동안 섭취해도 아무런 지장이 없는 일일 최대량. 이는 매일 국민

■ 게이오기주쿠대학 경제학부 졸업. 직장 생활을 거쳐 1999년부터 독립농업을 시작했다. 히사마쓰농원 대표.

평균의 백 곱절을 먹어도 건강에 영향이 없다는 동물실험을 근거로 한다.

현실적으로 이렇게 무지막지하게 먹는 사람은 없을 것이다. 이 ADI 기준치를 믿을 수 없다는 사람이 있을 수 있지만 그건 개인의 가치관 차이다. 더 솔직하게 이야기하면 '믿음'의 문제다. 만약 잔류 농약 기준치를 넘는다고 해도 그건 건강 위험과는 직접 관계가 없다.

> 기준치를 넘는다는 것은 농사가 농약을 적정하게 사용하지 않는다거나 건강에 위험이 발생했음을 의미하는 것은 아니다. 이런 기준치는 농가에 농약의 정적 사용을 지도할 때는 쓸모가 있어도 ADI와는 직접 관계가 없기 때문에, 건강 위험이 있느냐 없느냐 하는 판단에는 전혀 도움이 되지 않는다.
> — 무라카미 미치오[*] 외,《기준치의 음모》

---

[*] 도쿄대학 졸업. 공학박사. 물 환경공학과 환경 리스크학을 전공했다.

내가 농약을 쓰는 이유

농약 등록심사에는 세 종류의 수생식물, 즉 어류와 절족동물 그리고 조류(藻類)■를 대상으로 한 위험도 평가가 이루어진다. 하지만 이 세 종류의 생물이 생태계를 대표하느냐 하면 그렇지는 않을 것이다. 환경을 중시하는 사람들이 말하듯 논에 사용된 농약은 자기 논에만 머물지 않는다. 관개용수를 통해 하천으로 흘러나간다. 농약을 쓰면 게나 새우, 물방개, 잠자리도 영향을 받는다. 어류, 절족동물, 조류라는 3종의 생물에 미치는 영향을 보는 것만으로 다른 생물에 끼치는 영향까지 파악할 수 있을 거라고는 장담할 수 없다.

논은 '생물의 요람'으로 불린다. '생물 다양성의 보고'라고 표현하기도 한다. 하지만 잊어서는 안 된다. 아무리 아름다운 표현을 붙이더라도, 논이란 원래 벼라는 단일생물을 높은 밀도에서 키워내기 위한 공간이다. 어류, 절족동물, 조류만 지키면 그걸로 그만이란 말인가? 모든 생물을 지켜내야만 한다는 주장을 하면 그건 이미 논이 아니다. 그런 논이 세상에 어디 있는가?

■ 뿌리, 줄기, 잎이 구별되지 않고 포자에 의해 번식하며 꽃이 피지 않는 식물. 물속에 살면서 엽록소로 동화작용을 한다.

농약과 살충제 문제가 널리 알려지게 된 계기는 1962년에 세계적인 베스트셀러가 된 레이첼 카슨의《침묵의 봄》영향이 컸다. 살충제나 농약에 사용하는 'DDT'라는 유기염소 화합물이 얼마나 위험한지 일찍이 알린 책이다. 카슨은 DDT가 광범위하게 대량으로 살포되면, 유기 화합물을 분해하는 자연적인 정화작용이 작동하지 않고 축적된다는 위험성을 지적했다.

카슨의 지적은 오늘도 여전히 옳다. 하지만 2006년 세계보건기구(WTO)가 일부 지역에 DDT 사용을 권장했다는 사실 또한 알아둘 필요가 있다. 말라리아 환자 수는 DDT 살포를 중지한 뒤 급격히 늘었다. 특히 동남아시아나 아프리카의 빈곤층에게 맹위를 떨쳤다. 싸고 효과적인 DDT를 사용하지 않았을 때, 직접 타격을 입는 쪽은 빈곤층이다.

환경보전 리스크를 제로로 만들려면 이런 반작용도 일어난다. 리스크를 완전히 없애는 '이상'을 추구하는 것은 원리주의다. 구소련에서 수많은 희생자를 내고 실패한 사회주의나 지금 세계를 휩쓸고 있는 신자유주의는 내게 똑같은 것으로 보인다. 인간사회에서는 있을 수 없는 '이상'을 고집스럽고 성급하게, 예외 없이 추구하는 것은 원리주의의 한 변종이다.

카슨은 죽기 직전 다큐멘터리 프로그램에 출연해 이렇게 말했다.

"자연을 개조하고 파괴할 만한 힘을 지닌 지금, 자연을 대하는 인간의 자세는 매우 중요합니다. 하지만 인간은 자연의 일부죠. 자연에 싸움을 거는 일은 어쩔 수 없이 우리 자신에게 싸움을 거는 일이기도 합니다."

아주 유명한 발언이다. 이어서 다음과 같은 이야기도 했다.

"우리 인류는 유례없는 시험을 요구받고 있습니다. 성숙하라는, 통제하라는 시험이죠. 자연을 성숙하게 만들고 통제하라는 게 아니라 우리를 더 성숙하게 하고 통제할 수 있도록 하라는 시험인 겁니다."

카슨이 남긴 일련의 발언이 '인간 역시 자연의 일부이니 자연과 싸우려고 들지 말고 자연으로 돌아가야 한다'는 뜻으로 나는 이해하지 않는다. 그럴 수가 없는 것이다. 1이냐, 0이냐 하는 문제가 아니다. 인간이 더욱 성숙해지기를, 인간이 자기 욕망을 더 통제할 수 있기를 요구받고 있다. 이른바 어른스러운 감각, '중용(中庸)'을 테스트 받고 있다. 그렇기 때문에 힘겨운 싸움이다. 카슨은 이렇게 말하고 싶었던 게 아닐까?

탈원전을 상징하는 학자 가운데 후쿠시마 제1원자력발전소 사고와 관련해 거의 예언자 같은 경고를 남긴 물리학자 다카기 진자부로[■] 박사는 에콜로지즘에 대해 '인간으로 하여금 자연적 규범에 종속하도록 요구하여 인간의 자유와 주체성을 현저하게 제한한다'는 비판이 있다고 지적하며 이렇게 말한다.

> 근대의 정신을 인간의 자유와 해방을 향한 위대한 진보였다고 생각하는 입장에서는 에콜로지즘의 '자연주의'가 비판받는 것은 당연하다고 할 수 있다. 실제로 보더라도 어떤 에콜로지즘 운동 가운데는 자연적 규범에 고분고분 순종할 것을 맹세하며 나아가 계율 같은 슬로건을 따르거나 자연에 대한 순종과 동경이 폐쇄적인 신비주의로 기울어지는 사례도 보인다.
> ― 다카기 진자부로, 《지금 자연을 어떻게 볼 것인가》

오로지 자연에 순종하라고만 강조하면 개인의 자유나 개인의 존엄이 억압된다. 그리고 인류 운명도 자연에 맡겨야 한다는 극단적인 계율까지 생겨난다. 극단적이며 과격한 환경주의는 모든 자연 개조를 거부한다. 이 또한 형태를 달리한 원리주의, 파시즘 아닌가?

■ 일본 물리학자. 핵화학을 전공했으며, 원자력발전의 지속 불가능성과 플루토늄의 위험성에 대해 전문가로서 계속 경고했다.

인간을 억압하는 사회나 제도, 상품, 화폐, 이런 '헛것'을 대신해 이번에는 자연이 '물신'으로 등장하는 것 아닌가.

'논은 신성하다'라는 다카무나 씨가 보기에 나 같은 인간은 타락하고 기존 체제를 신봉하는, 농담이나 지껄이고 농업을 우습게 여기는 사람 같으리라. 농약을 쓰거나 화학비료를 쓴다는 건 말도 안 된다. 도대체 알로하셔츠를 걸치고 논에 나오다니 이게 무슨 짓이냐, 이런 생각이 들 것이다. 그렇지만 나는 농약도 쓰고 화학비료도 쓴다. 왜일까.

첫째, '팔 물건'이 아니라서다. 이건 전적으로 내가 먹을 쌀이다. 글 쓰는 직업을 포기하지 않기 위한 군량미다. 무기다. 다카무나 씨처럼 직장을 그만두고 자기가 믿는 방식으로 농산물을 재배하는 것, 자연농법만이 안전하고 맛있고 환경에 좋다는 사실을 증명하는 것도 좋다고 생각한다. 계속 그렇게 하라. 방해하지 않는다. 그렇지만 나는 직장을 그만두고 농부가 되지는 않을 것이다. 굳이 따지자면 기생하는 상태에서 벗어나려는 것이다.

인터넷이 보급되며 출판업계는 빙하기에 들어섰다. 잡지가 망해가고 원고료는 계속 낮아진다. 게다가 나는 아무래도 세상과 완전히 어긋났는지, 잘 팔릴 만한 책이나 잡지 기획이 떠오르지 않는다. 아니, 그런 글은 쓰고 싶지도 않다. 그럼 세상과 맞지 않으니 글쓰기도 그만둘 텐가?

지금 세계를 휩쓰는 '신자유주의'라는 녀석의 정체는 아주 간단히 말하면 '굶어 죽을 거라는 공포를 이용한 지배'가 그 본질이다. '굶주림을 가져올 빈곤에 대한 공포'라는 채찍을 부활시키려는 것이 신자유주의 경제사상이다.

굶주림이 두렵다면 아무리 단순한 일이라도, 아무리 노동 시간이 길고 임금이 낮더라도 불평하지 말고 일하라. 인도 노동자에 비하면, 중국 노동자에 비하면 너희들 급여는 아직 높은 수준이다. 그게 싫다면 그만둬라. 굶어 죽는 것은 자기 책임. 채찍을 휘두르면 생산성은 올라간다.

나는 여태 회사나 여론, 나아가 신자유주의가 휩쓰는 이 사회에 빌붙어 이럭저럭 대충 얼버무리며 살아왔다. 글을 써왔다. 그러면 이런저런 상황 때문에 더 이상 회사에 기생할 수 없다면 나는 글쓰기를 그만둘 텐가? 그러지는 않을 것이다. 기생하던 나 자신에서 벗어나야 한다. 죽음의 공포로부터 자유로워져야 한다. 본질적인 시간을 살아가야 한다. 나는 직장에서 벗어나려는 게 아니다. 어딘가에 기생하는 삶에서 벗어나려는 것이다.

둘째, 환경을 중시하는 분들이 들으면 근거 없는 소리로 여길

'일본의 농약 기준은 세계에서 가장 엄격하다'는 말에 나는 동의한다. 유기농법만이 안전하고 맛있다는 생각은 신화일 뿐이라고 믿는다. 내가 납득하고, 내가 재배하고, 내가 먹는다. 거리낄 게 뭐가 있겠는가.

셋째, 이게 무엇보다 중요한 이유다. 농사는 혼자 짓는 게 아니다. 마을과 어울려 함께 짓는 것이다. 내 논에 해충이 생기면 다른 논에도 피해를 끼친다. 확고한 신념으로 유기농이나 자연농법을 추구하는 사람들을 비판할 생각은 없다. 그러나 귀동냥으로 떠드는 환경주의자, 로하스나 슬로우라이프를 추구하는 척하는 도시 사람들이 아버님처럼 농사가 오랜 직업인 농부를 이상주의로 압박할 권리는 없다고 생각한다.

이튿날 아침, 경트럭으로 출근하면서 해변도로를 탔다. 내가 좋아하는 출퇴근길이다. 다치바나 만의 평화로운 바다가 아침 햇살을 받아 반짝거리고 있었다. 20만 킬로미터도 넘게 달린 대형 폐기물 같은 경트럭이라 에어컨은 고장이다. 창문을 활짝 열면 이른 아침의 상쾌한 공기가 쏟아져 들어온다.

라디오도 안 나오고 카오디오도 망가졌다. 나는 음악을 듣지 못하면 운전을 할 수 없기 때문에 천 엔쯤 주고 휴대용 라디오카세트를 사서 소리를 크게 키워 듣고 있다. 요 며칠 동안 마음에 들어 계속 듣는 곡은 1990년대에 자주 들었던 밴드인 쿨 애시드 서커즈(COOL ACID SUCKERS)■, 아침 일찍부터 격렬한 믹스처 록(mixture rock)■■이다.

8월 상순 들어 농약을 뿌리는 무인 소형 헬기가 아버님 논과 내 논 위를 날았다.

"옛날에는 논 안에 들어가 무릎까지 진흙에 푹푹 빠져가면서 뿌렸는데, 이젠 편하지."

옆에서 아버님이 중얼거렸다. 타락이라 해도 좋다. 중요한 것은 지금 이 순간을 살아남는 일.

내가 하고 싶은 말, 노래할 자유

네가 듣지 않을 자유, 싫어할 자유

들이대고 싶지 않아, 내 귀와 내 눈으로 골라

잘 봐, 웃고 있잖아 나는

찡그린 표정 짓고 싶지 않으니까

즐겨, 싫은 일은 잊고

■ 1990년대 캡틴 콘돔스(Captain Condoms)에서 활동하던 멤버들이 모여 만든 록밴드.
■■ 일본의 록 음악 분류 용어. 흑인 음악을 혼합한 랩록이나 랩메탈을 뜻한다.

하고 싶은 일만 생각하는 거야

— 쿨 애시드 서커즈, 〈자유〉

8. 돈만 있으면 뭐든, 돈 없이는 아무것도

산도 있고 바다도 있는 시골에서는
'밭이 곳간이고, 바다가 냉장고'라는 분위기가 있다.

채소는 1인분만 재배하기 힘들기 때문에
혼자 먹고도 남는 여분이 생긴다.
수확하지 않고 내버려두면 썩기만 할 뿐이니
친한 이웃들에게 나눠주는 게 자연스럽다.

스승님의 말버릇은 '쓸데없이 돈 쓸 일 없다'는 것.

이건 인색한 게 아니다.
시골에 있으면 '뭐든 돈만 내면 해결'이라는
생활 태도가 좀 바보처럼 보인다.

오픈카는
박살났지만

세상은 불경기라 분위기가 가라앉았는데, 갑자기 바깥이 소란스러워졌다. 사가 현의 꽤 한가로운 시골에서 취재하고 있을 때의 일이다.

"큰일 났네. 밖에 있는 거, 댁의 차 아니요?"

취재하러 간 집의 부인이 알려주었다.

"쳇, 이런 데서도 주차 단속을 하나?"

밖으로 나와 보니 사람들이 모여 있었다. 그리고 내 오픈카가 찌그러져 있었다. 주위에는 온통 논뿐이다. 허리께까지 자란 푸른 벼가 바람에 출렁거리는 초가을이었다. 내 포르쉐 말고 다른 차는 보이지 않았다. 어떻게 된 거지? 누가 들이받고 뺑소니친 건가?

구경꾼들로부터 시선을 돌려보니, 푸르른 논 한복판에 어느 노인이 홀로 우두커니 서 있었다. 중이 입는 가사 차림을 한 노인은 푸른 벼의 파도 속에 묻혀 있었다. 그리고 그 옆에는 논에 처박힌 경차. 보닛이 하늘을 향하고 있었다.

살바도르 달리나 르네 마그리트, 요시다 센샤[*] 같은 초현실적인 광경이었다. 상황 파악이 곧바로 되지 않았다. 어찌된 영문인지 몰라도 노인의 경차가 넓은 도로에 주차해놓은 내 포르쉐를 뒤에서 들이받은 모양이다. 깜짝 놀라 후진 기어를 넣는다는 것이 패닉 상태로 가속 페달을 콱 밟아 논으로 돌진해서는 논에 처박히고 나서야 겨우 멈춘 것이다. 운전석에서 살아 나온 운전자가 가사 차림인 까닭은 이 근처 사찰의 주지였기 때문이다.

얼른 논으로 뛰어 들어갔다.

"괜찮으세요? 안 다치셨어요?"

팔을 부축해 길로 나왔다. 주지는 횡설수설했지만 대화는 가능했다. 아마 운전 중에 갑자기 의식이 아득해져 눈앞이 잘 보이지 않았던 모양이다.

이런, 큰일이네. 빨리 집에 도착해야겠다. 주지는 이런 생각에 서두르다가 그만, 넓은 도로 왼쪽 끄트머리에 주차된 포르쉐 뒤를 들이받았다는 것이다.

■   吉田戰車(1963~). 일본 만화가. 인간 이외의 동식물, 우주생물, 심지어 무생물까지 의지와 언어를 지니고 있는 동화적이면서 상식을 넘어선 세계를 그린다.

그나마 생명에는 별 지장이 없는 것 같아 다행이었다. 119에 전화를 걸어 구급차가 주지를 태우고 떠날 때까지 지켜보았다. 휴우, 큰 사고가 아니라 다행이다. 그런데 내 오픈카는? 이거 어쩌지. 울상을 짓다가 깨달았다. 어라? 신발에 진흙이 묻지 않았네…?

뿌리는 물을 찾아 뻗는다

여름 논은 스니커즈 같은 걸 신고 들어갈 만한 곳이 아니다. 온통 진흙이라 '지옥의 묵시록' 같은 상태다. 복사뼈까지 푹푹 빠지면 진흙이 무시무시한 접착력으로 발을 잡아당긴다. 스니커즈는커녕 장화를 신고도 걷기 힘들다. 내가 잽싸게 달려가 주지를 부축할 수 있었던 까닭은 논에 물이 없었기 때문이다. 그렇다. 논이 바싹 말라 있었던 거다.

잠시 후 경찰이 와서 어떻게 된 일인지 묻고, 보험회사 직원이 와서 견인차를 수배하는 동안 구경꾼도 점점 늘어 더욱 소란스러웠다. 그 사이 논 한복판에 처박힌 주지의 차를 멍하니 바라보는 남자가 있었다. 이 논 주인인가? 입을 벌린 채 놀란 표정이었다. 하기야 당연한 노릇이다. 벼가 잘 자란 번듯한 논에 차 바퀏자국이 두 줄 또렷이 남아 있었으니까.

조심스럽게 그 남자에게 다가가 물었다.

"저어, 논에 물이 전혀 없던데요."

처음 보는 사람에게 말을 거는데 이런 소리를 하다니. 돌이켜 생각하면 기가 막힌다.

"예? 아, 물을 뺐죠."

이야기를 들어보니 8월 가뭄 때는 일부러 논에서 물을 빼고 지표 면을 말린다고 한다. 그 옆에 있던 잘생긴 남자가 중얼거렸다.

"뿌리가 물을 찾아 땅속 깊숙하게 뻗기 때문에 튼튼해집니다."

그는 이 지역 농협 지도원이라고 했다. 소동이 일어나자 바로 사고 현장으로 달려온 것이다.

"아, 저도 나가사키에서 논농사를 짓고 있어요."

잘생긴 지도원은 이렇게 자기소개를 했다. 내 질문 공세가 이어 졌다. 언제 얼마나 물을 빼는지, 언제 다시 물을 채워야 하는지, 그 지방 기후나 지형 또는 벼의 품종에 따라 다른지, 그보다 대체 왜 물을 빼는지…. 그리고 많은 것을 배웠다.

"물을 계속 담아두면 벼 밑동에서 새 줄기가 나오질 않거든요.

이삭이 너무 많아져 몹쓸 쌀이 됩니다."

사고 차량의 보험회사 직원도 가세해 네 남자가 둘러서서 농사 이야기로 꽃을 피웠다. 다들 농사를 짓는 사람들. 그 옆으로 견인차가 지나갔다. 시간 가는 줄 몰랐다. 머릿속에는 온통 벼농사 생각뿐.

완전 초짜라 스승님께 야단맞으면서도 이럭저럭 모내기를 끝냈다. 한여름, 내 논의 벼도 겉보기에는 푸르게 잘 자라 바람에 살랑살랑 흔들리고 있다. 이 시기에는 논에서 할 일도 별로 없다. 힘쓸 일은 김매기 정도, 물이 가득 찼는지 확인만 하면 된다.

"봐라, 여기 구멍이 났지 않느냐. 똑바로 보라니까."

어느 날 아침이었다. 이날도 스승님이 버럭 화를 내셨다. 자세히 보니 논 한복판에만 땅바닥이 드러나 있었다. 그 부분만 물이 마른 상태였다.

매일 아침마다 살폈는데도 나는 전혀 몰랐다. 똑같은 풍경을 보더라도 좋은 사진가나 화가가 보는 풍경과 내 눈에 비치는 풍경은 다르다. 프로 농부도 아티스트와 마찬가지다. 전혀 다른 눈으로 흙과 물, 태양을 본다.

그런데 정말 이상하다. 확실히 물이 들어오도록 입구를 열어두어 산에서 흐르는 물이 잘 들어오고 있는데. 논 어딘가에서 물이 새는 모양이다. 그게 조금 전 스승님이 발견한 '구멍' 난 곳이다. 물이 드나드는 곳 한 군데에 주먹 크기만 한 구멍이 나 있었다. 벌레들 짓이다. 앞으로 매일 순찰을 빼놓으면 안 되겠다.

내 논은 원래 흙이 점토 같다. 아주 쩍쩍 달라붙는 느낌이 든다. 게다가 써레질을 여러 차례 꼼꼼하게 했다. 흙이 아주 잘 섞여 물기를 잘 간직하고 있다. 옆 도랑에서 들어오는 물이 없어도 돌울타리에서 쫄쫄 흘러나오는 얼마 되지 않는 물만으로도 이틀이면 논에 물을 채울 수 있다.

그래서 내친김에 잠시 물 공급을 끊기로 했다. 즉 간단관수(間斷灌水), 물을 완전히 빼버린다. 흙 표면이 갈라질 정도로 햇볕에 말린다. 사가 현의 잘생긴 지도원에게 배운 대로 이렇게 하면 뿌리가 튼튼하고 넓게 뻗으리라. 그러면 어지간한 태풍이 와도 휩쓸려 쓰러질 일은 없다. 또한 뿌리에 가까운 줄기에서 다른 줄기가 나와 더 튼튼한 벼로 자랄 것이다.

무시무시한 태풍이
몰려오고 있다

처음 살아 보는 규슈, 나가사키 지방인데 듣기로는 자연재해가 자주 일어나는 곳이라고 한다. 태풍, 홍수, 산사태, 화산 분화 등 자연이 아주 사납다. 나가사키는 아직까지 제대로 당한 적은 없지만 툭하면 태풍 대책 모임이 열렸다. TV 일기예보에서는 "대형 태풍이며, 세력이 큰 기록적인 태풍"이라는 소리를 되풀이한다. 태풍이 지나가도 비가 오거나 흐린 날이 많다.

'선배처럼 지독한 태풍이 오고 있어요. 다들 걱정합니다. 벼 같은 농작물은 괜찮을까요? 선배, 논이 물에 쓸려 내려가도 기삿거리는 될 테니 기죽지 마시고…. 규슈 태풍은 시부야보다 훨씬 무섭다고 하니 선배는 관사에 틀어박혀 밖에 나가지 마세요.'

도쿄에 근무하는 후배로부터 이런 메시지가 날아왔다. 이 해에 규슈와 주고쿠 지방은 폭우와 태풍이 줄줄이 밀려들었다. 강우량도 도쿄에서는 구경도 한 적 없는 엄청난 양이었다. '양동이로 퍼붓는다'는 표현이 결코 과장이 아니었다. 그때마다 논을 지키려고 애를 썼다. 나는 물이 들어오는 입구를 단단히 막아두었다. 큼직한 바위 같은 걸로 눌러놓고 논이 수몰되지 않도록 했다.

'기록적인 대형 태풍이 온다'는 예보가 나왔다. 태풍이 오기 전날, 아무래도 걱정이 되어 논을 살피러 나갔더니 스승님이 먼저 나와 내 논의 물 들어오는 입구 부분을 매만지고 있었다.

도쿄에 살 적, 태풍 때 물에 쓸려가 죽은 농부의 뉴스를 자주 보았다. 왜 태풍이 오는 줄 알면서 굳이 논밭에 나가는지 이해할 수 없었다. 그런데 그건 이해하고 말고 할 문제가 아니었다. 자기가 농사를 지어보면 알 수 있다. 아무것도 할 수 없다는 걸 알면서도 보러 나가지 않을 수 없는 심정이 된다.

"대부분 논두렁에서 빠져 죽지. 논에서 일하다 물에 휩쓸려서 그만…. 물이 넘치면 어디가 논두렁길이고, 어디가 도랑이나 수로인지 분간이 가지 않거든. 물이 무릎까지 오는 깊이만 되더라도 빠르게 흐르면 사람이 제대로 서 있을 수 없어. 그래서 넘어지고 자빠지는 거야. 자네도 한 번 서 보겠나?"

… 그럴 수야 없지요.

"태풍이 온다고 해서 논에 나와봤자 손쓸 방법도 없는데, 걱정이 돼서 나오지 않고는 못 배기는 거지. 자네는 내일 태풍으로 큰비가 오면 절대 논에 나와선 안 돼."

스승님이 내 걱정을 해주셨다.

"자네가 쓸려 내려가면 이 늙은이가 대신 기사를 써줄 수는 없잖아. 다른 글쟁이를 찾아야 할 것 아닌가."

그런가? 다른 기자로 바꾸면 된다는 건가? 매정한 스승님.

이튿날. 태풍은 무사히 지나갔다. 요란했지만 별일 없었다. 바람은 거세게 불었어도 아무 일 없었다. 그렇지만 기온 낮은 여름이 문제였다. 태풍이 지나가고 날씨가 활짝 개야 하는데 흐린 날이 이어졌다. 제일 무서워하던 물 부족 걱정은 없었다.

"그런데 물이 부족하다고 걱정하는 해에 오히려 풍작이 들지."

논물을 바라보면서 아버님이 중얼거렸다. 수확량만 생각하면 물 때문에 아버님과 다툼이 벌어질 정도가 되는 편이 낫다는 말씀이다. 구로자와 아키라의 영화 〈7인의 사무라이〉에 이런 대사가 있다.

'농사꾼은 말이야. 비가 와도 걱정, 해가 나도 걱정, 바람이 불어도 걱정… 그저 걱정뿐이야. 그래서 늘 마음을 졸일 수밖에 없어.'

자랑은 아니지만 나는 비를 몰고 다닌다. 소풍을 가거나 여행을 가거나 후지 록 페스티벌을 가더라도 내가 가는 곳엔 늘 비가 내렸다. 언젠가 아프리카 말리의 사하라 사막을 뮤지션 소리 밤바(Sorry Bamba)와 여행한 적이 있다. 그때도 사막에 비가 내렸다. 현지인들은 기뻐했다. 이른 아침부터 가족을 총동원해 밭을 갈려고 쟁기를 들고 뛰어나갔다. 그날 밤 식탁에서 "실은 제가 비를 몰고 다니는 남자입니다"라고 고백했다가 여기서 살아달라는 진지한 부탁을 받은 적도 있다. 이사하야에서도 마찬가지인가?

불길한
냉해의 조짐

그렇지만 상황은 농담으로 끝나지 않았다. 9월 상순, 논의 벼가 허리보다 높이 자랐다. 벼이삭이 푸르고 통통하게 차올랐다. 초짜가 처음 지은 벼농사라고 생각할 수 없을 만큼 순조롭게 자라고 있…는 것처럼 보였다. 하지만 프로 농부의 눈에는 이미 위험 징후가 보였다.

"어라, 줄기가 누렇게 되잖아. 가을 벼멸구인 것 같네. 주위에 하얀 거 떨어져 있지? 이게 벼멸구 알이거든."

스승님은 선물로 도라야 양갱과 소주만 받고 아무것도 모르는 놈을 하나부터 열까지 가르쳐주신다. 나도 어지간하지만 이분도 상당한 괴짜다. 특이한 분이다.

스승님이 논 안으로 들어가 이삭을 훑어보고 불길한 조짐을 알려주었다. 나는 전혀 눈치 채지 못했는데 이삭이 군데군데 말라 누렇게 변해 있다. 냉해다. 하필 첫해에 닥치다니. 규슈 북부와 야마구치에서는 8월의 일조 시간이 평균의 43퍼센트, 강수량은 평균의 218퍼센트다. 일조량은 절반이고 비는 곱절 이상인 셈. 나는 정말 비를 부르는 남자다.

야마구치, 후쿠오카, 사가, 오이타에는 '도열병' 경보가 발령되었다. 이곳 나가사키에서도 도열병주의보가 내려졌다. 여름 동안 일조량 부족과 많은 비 때문에 공기가 습해 벼에 곰팡이가 핀다. 이삭에도 균이 들어가 말라 죽는다. 도열병은 내가 먹을 식량을 직접 공격한다. 스승님 말씀을 듣고 서둘러 논에 살균제를 뿌리기로 했다.

챙 넓은 카우보이 모자와 검은 선글라스는 여느 때와 같지만 입에는 검은 방독 마스크를, 등에는 살균제가 든 분무기를 짊어졌다. 어설픈 펑크밴드 같은 혹은 아키하바라에서 본 코스프레 같은 아주 괴상한 모습을 하고 논에 들어갔다. 한동안 물을 빼두었던 논에 다시 물이 차 있다. 논은 '지옥의 묵시록' 상태로 돌아가 있었다. 걷기도 만만치 않다.

끝없이 이어지는 진창 길
사흘 낮 이틀 밤을 먹지도 못했는데
몰아치는 비바람은 철모를 두드리고 ■

논의 넓이는 60평. 25미터짜리 수영장보다 약간 좁은 정도다. 모내기용 고무 지카타비를 신기는 했지만, 복사뼈까지 빠지는 끈적끈적한 진흙 속을 분무기 노즐을 휘저으며 걷는 일은 그야말로 중노동이다. 엄청난 힘으로 발을 잡아당기기 때문에 똑바로 걸을 수가 없다. 이리 비틀 저리 비틀. 벼와 벼 사이는 겨우 몇 센티미터밖에 되지 않는다. 애써 키운 소중한 벼를 밟으면 본전도 못 건진다. 밟지 않으려고 애를 태웠다.

찌르듯 쏟아지는 햇볕을 온몸으로 받으며 한 시간쯤 걷자 머리가 어지러워졌다. 간신히 작업을 마치고 나왔을 때 현기증이 나 논두렁에서 1.5미터쯤 아래에 있는 진창에 빠지고 말았다.

"으하하하! 더 멋지게 넘어질 수 없냐? 신문에 그 사진을 싣고 싶은데."

스승님이 폭소를 터뜨리며 카메라를 들이댔다. 스승님은 신문 연재에 쓸 사진을 맡아주고 계신다. 더위 때문에 머릿속이 멍해져 평소처럼 독설로 받아칠 여력이 없는 게 분하다.

■ 일본 만주국을 세운 뒤 침략전쟁을 벌일 때 관동군이 불렀던 군가 〈토히코〉의 앞부분이다.

'보니 앤 클라이드'
농사 콤비 결성

냉해의 영향은 쌀보다 여름 채소에 먼저 나타났다. 논으로 오가는 길에 이 지역에서 재배한 채소만 파는 직매장에서 장보는 게 일과였는데 상추나 토마토, 오이 같은 여름 채소는 나오는 물량이 적고 값도 아주 비싸졌다. 천재지변은 거의 잊고 있을 때 온다. 지원군 역시 거의 잊을 때 온다.

내 논 바로 옆에서 나와 비슷한 시간대에 밭일을 하는 우아한 부인이 있다. 만나면 늘 인사는 하지만 대화를 나누기는 그날이 처음이었다.

"지난번에 시장님이 오셨지 뭐야."

이렇게 말을 건네신 것이다. 저분 왠지 누굴 닮은 것 같은데, 하고 내내 생각했었는데 가까이서 보니 생각났다. 페이 더너웨이(Faye Dunaway). 미국 뉴시네마의 걸작 〈우리에게 내일은 없다〉[*]에서 여자 강도 '보니 파커'를 연기한 배우. 시골에 살지만 심심하다고 접

■ 원제 〈Bonnie And Clyde〉, 1967년 작.

근했다가는 큰 코 다칠 것 같은 섹시함이 많이 닮았다.

나의 신문 연재를 본 이사하야 시장이 완전 초보의 벼농사를 시찰이랄까(아무래도 놀리러 온 것 같다), 아무튼 찾아온 적이 있었다고 전했다.

"이 근처 어디서 기자가 농사짓는다던데, 하고 물어보는 사람도 있다니까?"

그러고 보니 신문사 지국에도 '어디 있는 논이냐, 도우러 가겠다'는 전화가 여러 차례 왔다고 한다. 내 논이 관광명소가 되어가고 있다.

"나도 그 기사 읽었지. 재미있는데, 아주 웃겨."

여성이 웃어주면 아무튼 기분 좋다. 그날 후로 나는 일하고 돌아가는 길에 '보니'가 보이면 차에서 내려 인사하고 이런저런 이야기를 나누었다.

보니가 주위 농부들과 캔 커피를 나누어 마실 때 불려가기도 하고, 거꾸로 내가 선물로 들어온 과자를 나누어드리기도 했다. 그러면서 잡담을 나눌 만큼 친해졌다. 그렇게 만날 때마다 자기 밭에서 채소를 따다 주었다. 가지, 여주, 토마토, 참외, 오이, 피망… 이래저래 도움이 된다.

듣자 하니 보니는 나가사키 시내 번화가에서 술집을 했었다고 한다 (역시나, 싶은 분위기). 이곳에서 농사짓던 아버지가 세상을 떠나자 어머니를 돌보러 고향으로 돌아왔다. 땅을 놀리고 있었는데 작년부터 불쑥 채소를 재배하기 시작했단다. 새내기 농부라는 점에서 나와 같은 처지였다. 그래서 왠지 더 마음 편하게 이야기를 나눌 수 있었다. 아침에 한 시간만 일해서 혼자 먹을 쌀을 거두겠다는 내 계획도 웃으며 들어주었다.

"그런데 밭에선 말이야, 주변 사람들에게 배우는 일도 중요하지. 물어보면 다들 친절하게 가르쳐주거든. 그래서 답례로 차를 우려 나눠주거나 유부초밥을 넉넉하게 만들어 두루 나눠주기도 해. 그래선지 내가 뭐 필요한 게 있으면 알아서들 도와줘. 여기 쉼터로 쓰는 오두막도 주변 사람들이 만들어준 거야. 채소 같은 것도 말 없이 현관에 놓고 가기도 하고."

선배인 보니가 내게 '배우는 자세'를 가르쳐주었다.

"그럼 내가 쌀을 무사히 거두게 되면 좀 나누어드릴 테니 받아주세요."

올해 추수를 어떻게 해야 하는지도 모르는 주제에 무슨 소리인지. 가소롭기 짝이 없다. 여물지도 않은 벼를 두고 이런 약속을 하다니.

"어머, 정말? 좋지—"

그래도 여성적인 매력이 넘치는 보니는 두 팔을 저으며 기뻐해 준다. 귀엽다.

원래 이 실험은 나 혼자 먹을 양만 농사짓자는 취지였다. 그런데 지금까지 농사를 지으며 깨달은 것은 1인분을 재배하나 2인분을 재배하나 벼농사 작업량은 별 차이가 없다는 사실이다. 그렇다면 내년에는 보니 몫까지 재배해주고 대신 채소를 받을까? '증여경제'의 탄생이다. 이런 실없는 소리를 하자 보니가 웃으며 대꾸했다.

"좋지 뭐. 남으면 같이 길에 나가서 쌀하고 채소도 팔아볼까?"

보니 앤 클라이드 콤비 결성. 우리에게 내일이 있을지 그건 모르겠지만.

우리는 타인의 욕망을 욕망한다

2014년에 마스다 히로야의 《지방 소멸》이라는 책이 화제가 되었다. 인구 동태 예상을 바탕으로 2010~2040년 사이에 896개 지방 자치단체가 '소멸'될 것이라는 내용이었다. 소멸 예상 지역에는 이곳 이사하야 시도 포함되어 있다. 지방 도시가 소멸할 수 있다는 생각은 분명히 존재한다.

이사하야 역 앞에 슈퍼마켓 세이유▪가 있다. 지상 4층, 지하 1층. 지하에 있는 식료품 매장은 24시간 운영하기 때문에 아주 편리해서 자주 이용했다. 교통도 매우 편하다. 하지만 여기도 여러 해 계속 적자 운영이라 내가 온 지 1년 만에 문을 닫고 말았다.

도쿄에서 이곳 이사하야로 와서 처음 이 슈퍼마켓에 들어갔을 때 느낀 인상을 또렷이 기억한다. 지역에서 생산한 상품이 갖추어져 있어 채소나 생선이 신선하고 저렴했다. 땅값이 싸니 면적도 넓었다. 장보기에 편했다. 그리고 가장 인상적이었던 것은 에스컬레이터. 아주 느리다. 노인들만 있으니 에스컬레이터를 타다 넘어지지 않도록 천천히 움직이게 해놓은 모양이었다.

《지방 소멸》에 따르면 젊은 인구는 앞으로도 지방에서 계속 빠져나가 도쿄라는 한 곳에 더욱 집중된다. 그러면 도쿄에 사는 여성의 결혼은 더 늦어지고, 출산율 저하가 더욱 심해진다. 이렇게 일본의 인구 감소는 더욱 빨라진다. '지방 소멸', '도쿄 집중'은 일본이라

▪ 1963년에 창립해 도쿄도를 거점으로 삼은 전국적 슈퍼마켓 체인.

는 나라의 위기라는 주장이다.

이런 예측도 어디까지가 진실이고 얼마나 과장이 담겨 있는지 당장은 알 수 없지만, 어쨌든 여기서 착각하면 안 될 문제는 이 경우 지방 소멸이라는 게 지방의 '자치단체' 소멸이라는 점이다. 지금과 같은 행정 구분으로 자치단체 직원을 고용하고 상하수도나 쓰레기 수거 등 생활 인프라를 정돈해 유지하기는 매우 어려워질 거라는 이야기다. 지방 자치단체는 소멸할지도 모른다. 하지만 지방의 소멸은 있을 리 없다. 역사상 그런 일은 없었다.

중앙 도시라는 곳은 돈만 있으면 아주 살기 좋다. 돈이면 뭐든 손에 넣을 수 있다. 어떤 상품도 돈과 교환할 수 있다. 음식이든 옷이든 주거든 의료든, 모든 상품과 서비스가 돈과 교환된다.

그런데 잠깐 생각해보자. 자본주의란 대체 무엇인가. 여러 가지 정의가 가능하지만 '매년 생산을 확대하는 시스템'이라고 할 수 있다. 올해보다 내년, 내년보다 내후년에 재화와 서비스의 생산량이 커진다. 그럴 거라고 믿기 때문에 은행은 기업에 돈을 빌려준다. 자본가는 돈을 은행에 맡겨 굴리도록 한다. 아주 조금씩이라도 작년보다는 더 성장해야 한다. 이만큼 성장했으면 됐다고 하는 제한이 없다. 말하자면 '한계를 모르는 몬스터', 이게 자본주의다.

자본주의가 갈 데까지 가면 무슨 일이 일어날까? 두 가지 황금률이 있다. 성장을 지속하기 위해서는 자꾸 거대해져야만 한다. 돈이 어느 정도 모이면 된다는 한도가 없다. 계속해서 자본을 축적해야 한다. 왜냐하면 자본주의 게임에서는 돈을 더 많이 모으는 쪽이 더 강해진다는 룰이 있기 때문이다.

　　그렇기 때문에 영국에서 공장제 자본주의가 처음 나타난 18세기부터 자본가들이 벌어들인 돈으로 흥청망청하며 놀았던 것은 아니다. 일상생활에서 절약한 돈으로 내년을 위한 자본에 보탰다. 더욱 크게 만들려는 것이다. 늘 다른 거대자본에 흡수 합병당할 공포에 떨었기 때문이다. 큰 자, 강한 자가 더 크고 강해진다. 자본주의란 '축적'이 전부다. 이것이 자본주의 황금률 가운데 첫 번째다.

　　황금률 두 번째는 그런 자본주의 사회에서는 '일반욕망'이 생겨난다는 사실이다. 자본주의와 시장경제는 수레의 두 바퀴다. 모든 상품과 서비스에 적정한 가격을 매기는 세계 시장이 없으면 자본주의는 효율적으로 돌아가지 않는다. 쌀이나 된장, 소금, 술은 물론이고 노동이나 교육 등도 모두 적정 가격이라는 게 있다. 수요와 공급의 관계를 통해 가격이 결정된다. 화폐와의 교환가치로 측정되지 않는 상품이나 서비스는 없다(고 한다). 말하자면 '교환의 보편화'가 일어나는 것이다.

그렇게 되면 무슨 일이 일어나는가. 욕망도 일반화·보편화되어 간다. 모든 것을 돈으로 계측하고 교환한다. 돈으로 욕망을 충족하려고 한다. 그러면 이번에는 욕망 자체가 일반화·보편화된다.

영화 〈인정사정없는 전쟁 - 히로시마 사투〉■에서 아나키한 불량배를 연기한 치바 신이치■■의 유명한 대사가 있다.

"야, 도대체 뭐하려고 태어난 거야? 맛있는 밥 먹고, 예쁜 여자 품에 안으려고 태어난 거 아니냐?"

멋진 레스토랑에서 식사하고 싶다. 셀럽이 되고 싶다. 비행기는 비즈니스 클래스에, 아니 퍼스트 클래스에 타고 싶다. 자가용 제트기도 타보고 싶다. 그 뒤엔 프로축구나 프로야구 구단을 갖고 싶다….

망상에는 어느 정도 개인차가 있지만 자본주의 사회를 살아가는 사람들의 욕망이 지닌 방향성, 벡터는 우스울 정도로 똑같다. 결국 욕망이 보편화되어 있는 것이다. 일반욕망에서 벗어날 수 없다. 라캉의 유명한 발언을 빌리면 '인간은 타인의 욕망을 욕망한다'. 나만의 욕망, 즉 나만의 자유를 추구할 의지를 잃어가는 것이다.

■ 우리나라에는 〈의리 없는 전쟁〉이란 제목으로 소개되었다. 〈히로시마 사투〉는 두 번째 시리즈이며 1973년에 발표되었다.
■ ■ 배우이자 가수, 성우, 영화감독.

긴 말 필요 없다. 이 글을 쓰고 있는 나도 마찬가지다. 여태 자동차에는 아무런 관심도 없었다. 도쿄에 살 때는 자전거로 출퇴근했고 산책을 좋아했기 때문에 자동차는 일종의 '적'이었다. 취재하러 간 현지에서 렌터카를 빌릴 때도 차가 움직이고 브레이크만 들으면 차종 따위는 전혀 신경 쓰지 않았다. 그런데 지방에 가서 지내게 되자 충동적으로 포르쉐를 지르고 말았다.

지금 돌이켜 보면 이런 생각이었으리라. 나는 어디서든 나답게 존재하겠다. 지방에 살든 아침에만 농사를 짓든 내 본질은 변함이 없다. 아니 변하지 않겠다. 요란하고 공격적이며 특이한 글쟁이로 평생을 살겠다. 여름엔 알로하셔츠에 청바지, 겨울엔 화려한 셔츠에 가죽 바지를 입고 어디든 취재하러 간다. 내 스타일은 양보하지 않겠다. 차도 어차피 살 거라면 외제 오픈카로 하겠다.

이런 하찮은 이유로 매장에서 포르쉐를 대뜸 샀다. 나도 '일반 욕망'이란 녀석에게 알게 모르게 세뇌되어 있었던 것이다.

하고 싶지 않은 일을
'거절'할 용기

《백경》으로 유명한 미국 작가 멜빌의 작품 가운데《필경사 바틀비》**
라는 기묘한 중편이 있다. 18세기 미국, 바틀비라는 젊은이가 어
느 변호사 사무소로 서기 일을 시켜달라고 찾아온다. 써보니 제법
유능하고 장래성 있는 청년인지라 고용주인 변호사도 총애하게
되었다.

그런데 이 젊은이가 상당히 괴짜라 사무실에 있는 다른 서기들
과 어울리려고 하지 않았다. 식사도 하지 않는가 하면 펍에 술 한잔
걸치러도 가지 않았다. 가장 곤란한 점은 서기로서 정해진 자기 일
이 아니면 아무리 사소한 일이나 잔심부름도 예의 바르게, 하지만
단호하게 거절하는 것이었다.

"그러지 않았으면 좋겠습니다(I would prefer not to)."

자기가 해야 할 일은 확실하게 한다. 하지만 아주 사소하더라
도, 맡은 업무 외의 일을 부탁하면 "I would prefer not to"라고 점
잖게 거절한다. 반복하면 주문처럼 들리는 기묘한 말.

■ 허먼 멜빌이 1853년에 발표한 소설. 영화로도 여러 차례 만들어졌다.

그를 고용한 변호사는 더는 참지 못하고, 이런 일도 할 수 없다면 직장을 그만두라고 통고한다. 그래도 바틀비의 대답은 역시나 "그러지 않았으면 좋겠습니다". 그러면 급여를 주지 않겠다, 사무실에서 나가라 위협해도 "그러지 않았으면 좋겠습니다"라고 응수한다.

바틀비는 사무실을 그만두지 않고 아예 들어앉아 버린다. 요즘 표현을 쓰자면 '직장 불법 점거'의 원조인 셈이다. 결국 공권력을 동원해 바틀비를 강제로 끌어낸다. 그는 재산도 없고 일도 하지 않는 부랑자로 취급되어 결국 교도소에 갇히고 만다. 그 당시에는 일하지 않는 사람은 교도소로 보냈다. 교도소는 근대가 발명한 시설이다. 자본주의가 요청한 것이기도 하다. 일종의 노동 장치인 셈이다. 어쨌든 《바틀비》는 현대 노동 문제의 근원을 예언적으로 탐지해 낸 작품이다.

사람은, 회사는, 사회는 부를 축적해야만 한다. 축적하지 않으면 살아갈 자격이 없어진다. 그리고 노동자는 언제 어느 때건 교체 가능한 톱니바퀴가 되어야만 한다. 누구와도 교체 가능하고 또 얼마든지 쓰다 버려도 되는 저렴한 톱니바퀴. 아주 사소한 잡무라도 노동자는 결국 'I would prefer not to'라고 '거절할 힘'을 잃어간다. 수당을 받지 못하는 잔업이 당연해져간다. 그게 세계화니까. 인도나 중국 노동자들과 경쟁하며 살아가야 하니까.

또한 소비자로서도 남들과 똑같이 행동하기를 강요당한다. 바틀비도 다른 서기들과 마찬가지로 잔심부름을 하고 펍에서 술 한잔 마시며 유행하는 옷 한 벌쯤 사 입었다면 교도소에 끌려가지는 않았을 것이다. 우리도 다들 똑같은 모습으로 일하고, TV를 보고, 요즘 유행하는 말을 쓰고, 남들과 같은 것을 욕망하며 소비한다. 잘나가는 사람인 척한다. 자기가 소속한 집단에서 아래로 떨어지지 않도록 말이다. 그렇게 하지 않으면 사회로부터 튕겨져 나가니까. 보이지 않는 힘이 작동한다. 자본주의의 첫 번째와 두 번째 황금률은 은밀하게 작동하고 있다.

멧돼지 수렵 면허를 따볼까

그렇지만 지방, 그것도 시가지에서 멀리 떨어진 이곳 이모리 마을에서는 조금, 아주 조금이지만 양상이 다르다.

"땅 주인이 따로 있으면 자네는 소작농인가? 요즘도 그런 게 있나?"

도쿄에 있는 동료 글쟁이에게 가끔 근황 보고를 하면 이런 소리를 하며 웃는다. 맞는 말은 아니지만 그리 틀린 소리도 아니다. 지주라고 하면 부모나 마찬가지, 소작인이라면 자식이나 마찬가지다.

물을 둘러싸고 잠시 실랑이를 벌였던 아버님도 우연히 길에서 만나면 혼자서는 다 먹기 힘들 만큼 양파를 주기도 한다. 스승님은 낚시가 취미라, 안 그래도 늘 신세를 지는 처지인데 돌돔이든 뭐든 정성스럽게 토막을 쳐서 나누어주신다. 보니와 먹으라면서 커피를 주기도 하고, 채소도 늘 나누어준다.

나도 도쿄에 다녀올 때면 땅 주인에게 과자 상자를 들고 간다.

"그러지 않아도 돼요. 쓸데없이 뭐 하러 돈을 써요."

땅 주인은 미안한 표정을 짓는다. 산도 있고 바다도 있는 시골에는 '밭이 곳간이고 바다가 냉장고'라는 분위기가 있다. 실제로 채소는 1인분만 재배하기 힘들기 때문에 혼자 먹고도 남는 여분이 생긴다. 수확하지 않고 내버려두면 썩기만 할 뿐이니 이렇게 잡담을 나누는 친한 이웃들에게 나눠주는 게 자연스럽다.

스승님의 말버릇은 '쓸데없이 돈 쓸 일 없다'는 것이다. 이건 인색한 게 아니다. 시골에 있으면 '뭐든 돈만 내면 해결'이라는 생활 태도가 좀 바보처럼 보인다.

혹시 올해 쌀 수확에 성공하면, 내년부터는 모내기를 더 여유

있게 해볼까 하는 욕심도 차츰 생겨난다. 주말농장이 취미인 동료들과 맞바꿔 먹어도 되니까. 게다가 일본은 대부분의 현이 낚시 천국이고, 이곳 나가시마 현은 전국에서 멧돼지가 가장 많이 잡히는 지역이다.

나가사키 시는 언덕이 많은 도시다. 평지가 적다. 현 전체도 산이 많은 지형이기 때문에 멧돼지가 인가나 논밭 가까이에 서식한다. 그리고 논밭도 산 가까이에 많다. 그래서 경작을 포기한 땅도 전국에서 가장 많다. 나이를 먹으면 논에 나가기도 내키지 않기 때문이다. 농사를 짓지 않는 논은 멧돼지에게 아주 좋은 놀이터. 녀석들의 서식지가 늘어나고 있다.

그래서 나가사키의 농지는 어디나 멧돼지 때문에 골치를 앓고 있다. 지역별로 덫을 놓기도 하는데 덫에 걸린 멧돼지를 살처분하려면 수렵 면허가 필요하다. 총으로 처리하려면 총포 소지허가증도 필요하다. 둘 다 지닌 분들은 고령화 때문에 날로 줄어들고 있다. 스승님에게 총포 소지허가증과 수렵 면허를 따면 어떻겠느냐고 의논드렸다.

"어, 그래. 해봐. 자네가 총을 빵빵 쏴주면 짐승들이 무서워서 다 도망치겠지."

완전히 무시하며 웃으셨다. 잡을 수 있다고 생각하지는 않지만 총을 빵빵 쏠 수 있게 된다는 것만으로도 기쁘다. 동일본대지진 이후 멧돼지를 잡아 손수 해체해 고기를 먹는 젊은이들이 조금씩이지만 늘고 있다. 전기나 물, 음식을 완전히 남에게 의지하며 지냈던 삶에 대한 반성이라고 한다. 그 가운데는 여자들도 있어 '수렵 여성' 같은 말도 생겨났다.

나도 어느 섬에서 멧돼지 해체 작업을 구경한 적이 있다. 벌레도 무서워하는지라 까무러치지나 않을까 걱정했는데 의외로 아무렇지 않았다. 한 마리를 처분하니 혼자 다 먹기 힘든 고기 양이 나왔다. 그때 사냥꾼에게 들은 말인데, 시장에서 사는 돼지고기나 소고기보다 훨씬 맛있다고 했다. 이것도 어쩌면 채소와 교환할 수 있는 광맥이 아닐까…? 잡지도 않은 멧돼지를 두고 잠꼬대를 하고 있다.

시골에서 살면 자본주의의 한복판에서 살 때와는 전혀 다른 방향으로 생각이 뻗어나간다. 망상일지도 모른다. 하지만 그 망상이 부풀어 오르는 것 자체가 신선하고 즐겁다.

돈만 있으면 뭐든,
돈 없이는 아무것도

시장이란 인간이 만들어낸 아주 편리한 발명품이다. 화폐도 그렇다. 이렇게 편리한 시스템이 어디 있나. 뭐든 교환할 수 있다.

편의점의 일상적인 풍경을 보자. 손님이 초등학생이라고 해도 소비자임에는 분명하다. 편의점 직원은 초등학생에게 "○○엔 받았습니다. 거스름돈은 ○엔입니다. 감사합니다" 하고 인사한다. 그렇지만 예전 구멍가게를 기억하는 사람에게는 크게 위화감이 드는 모습이다. 어린아이에게 깍듯하게 인사하는 태도는 어쩐지 낯설고 불편한 느낌이다. "○○엔이야. 그래, 잘 가라"라고 하는 구멍가게 주인의 인사가 왠지 더 친근함을 나타내는 것 같다.

초등학생이 소비자라면 테러리스트도 소비자다. IS가 전 세계에서 모여드는 지원병에게 급여를 지불할 때나 불법적으로 무기를 조달할 때 쓰는 화폐는 미국 달러다. 왜 '적국'인 미합중국의 달러를 쓰는가? 왜고 뭐고 따질 게 없다. 달러가 세계 기축통화기 때문이다. 만약 달러 대신 유로화나 위안화(인민폐), 사우디아라비아 리알화가 세계적으로 통용되는 통화라면 기꺼이 그것을 썼을 것이다. 화폐는 사람들이 다들 쓰기 때문에 화폐일 수 있는 것이다. 돈에는 깨끗한 돈,

더러운 돈이 따로 없다. 돈만 있으면 뭐든 살 수 있다.

이건 거꾸로 말하면 돈 없이는 아무것도 할 수 없다는 소리다. 도시에 사는 노인들이 전기와 가스 같은 생명선마저 끊겨 고독사하고 있다. 풍요롭다는 21세기 일본 사회에서는, 매우 비정상적이라고 해야 할 이런 상황도 '돈 없이는 아무것도 할 수 없다'는 자본주의 논리가 우선되는 너무도 익숙한 광경이다.

다시 강조하지만 나는 이 책에서 탈자본주의나 반자본주의 혁명 같은 것을 외칠 생각은 털끝만큼도 없다. 그런 엉뚱한 소리를 하려는 게 아니다. 다들 툭하면 '자본주의로는 안 되니 다음에는 ○○주의다' 하며 거창한 사상을 주장한다. 나는 그런 사상 따위는 전혀 믿지 않는다. 철저한 '혁명 반대파'다. 반혁명이 아니다. 혁명 자체를 반대할 뿐. 프랑스혁명이든 메이지유신이든 그렇게까지 많은 사람이 피를 흘리지 않았어도, 조금만 더 있었으면 사회 개혁이 가능했을 거라는 게 역사의 가르침이다.

나는 어떤 형태의 것이건 폭력이라거나 관용 없는 태도가 너무 싫어. 그런 것은 무언가를 만들어낼 힘도 없고 뭔가를 저지할 능력도 없지. 혁명도 질서정연하게 차근차근 하지 않으면 안 돼.
— 제임스 조이스, 《율리시즈》

혁명은 사람이 편하게 살기 위해 하는 겁니다. 저는 비장한 얼굴을
한 혁명가를 믿지 않습니다.

— 다자이 오사무,《오상》

탈자본주의혁명 같은 걸 내세우려는 게 아니다. 나를 포함해 우
리 모두가 자본으로부터 거의 강제적으로 잊히고 있다는 사실을 상
기하자는 것일 뿐이다. 인간사회가 유사 이래 오로지 상품의 교환,
화폐의 교환만으로 성립된 것은 아니다. 교환경제는 인간이 영위하
는 경제활동의 매우 중요한 부분이지만 어디까지나 일부분에 지나
지 않았다.

아무리 인기 없는 남자라고 해도 평생 한두 번은 선물을 주고받
은 경험이 있으리라. 값비싼 선물보다 오히려 직접 뜬 스웨터 같은
걸 받았을 때 더 가슴이 설레지 않던가.

어떤 선물을 사서 건넬 때도 그게 돈을 주고 산 '상품'임은 틀림
없지만 가격표를 살짝 뗀다. 마음을 전하려 선물하는 것이니 시장
에서 얼마나 교환가치가 있는 것인지를 드러내기가 민망하기 때문
이다. 다시 말해, 가능한 한 '상품'임을 숨기려는 것이다. 교환경제
가 아니라는 시그널이다.

같은 이유로 답례할 때는 일정한 시간차를 두고 하게 된다. 예

를 들어 과자를 받으면 그것과 똑같은 과자를 바로 답례로 주면 그건 답례가 아니다. 선물을 되돌려주는 거나 마찬가지다. 관계를 거절한다는 뜻이 되는 것이다.

산에서 흘려보내는 물이나 땅이 주는 양분 같은 것은 내게 보답을 원하지 않는다. 말하자면 순수증여다. 그리고 인간생활은 거의 모두 자연의 순수증여로 이루어져 있다. 다들 잊고 지낼 뿐이다.

대단히 거창한 이야기를 하는 게 아니다. 이웃인 보니와 나는 낯설지 않게 잡담을 나누는 정도의 인간관계를 맺고 있다. 이렇듯 친근하고 가깝게 지내는 사람들끼리의 상호증여는 충분히 있을 수 있지 않은가? 스승님이 입버릇처럼 하는 "쓸데없이 돈 쓸 일 없지"라는 말은 절대 인색해서 하는 말이 아닌 것이다.

여기서 중요한 사실은 상품 교환경제에 가담하지 않는 사람들은 자본주의라는 괴물에게는 '어떻게 되든 상관없는' 인간이라는 점이다. 하지만 숫자가 늘어나서는 곤란할 사람들이다. GDP(국내총생산) 성장률이라는 '숫자'에 반영되지 않는 그런 경제활동은 자본주의에서는 유령이나 마찬가지다.

지방은 소멸할 것이라고 한다. 하지만 그건 지방자치단체의 소멸이다. 공무원들의 직장이 없어질 뿐이다(이것도 심각한 문제이기는 하지만). 상호증여가 성립할 수 있는 작은 커뮤니티를 '지방=로컬'이라고 한다. 이런 의미에서의 '지방'이 소멸한 적은 역사상 단 한 번도 없다.

지금 일본은 GDP 성장에 모든 것을 걸고 있다. 경제성장이 모든 병을 낫게 한다는 '종교'가 아베노믹스다. 자본가는 물론이고 수많은 노동자들까지 그 꿈에 매달려 있다.

그렇지만 경제성장률이 조금 올라간다고 해봐야 큰 이익을 올리는 것은 도요타 같은 수출 대기업뿐이다. 엔화의 가치가 떨어지면 식료품 가격이 외려 올라가기 때문에 경제성장률이 올라간다고 살림살이가 나아지지는 않는다.

이와는 전혀 반대 의미에서 경제성장률과 살림살이가 연결되지 않는 층도 있다. 시골에서 증여경제로 살아가는 이들이다. 성장률이 오르든 내리든 '곳간'인 밭의 채소와는 상관없다. '냉장고'인 바다의 물고기들도 관계없다. 상추나 돌돔은 뉴스나 신문 따위 보지 않는다.

선물한다. 보답한다. 아는 사람들끼리 주고받는 증여의 연쇄는 경제성장률 따위 때문에 단절되거나 이어지거나 하는 고리가 아니다.

혼자면 인간만큼 약한 존재도 없다

하지만 공감이 우리를 강하게 만든다

영원한 결속을, 영원한 결속을, 영원한 결속을

공감이야말로 우리를 강하게 만든다

— 피트 시거, 〈Solidarity forever〉 ▪

▪ 1915년에 랄프 채플린이 작사한 노래로, 매우 유명한 노동운동가다.

9. 반년 농사의 결실을 맺다

추수철이라 정미소는 북적였다.
내 차례가 올 때까지 가슴이 계속 두근두근.
해가 저물녘까지 기다렸다.
좋은 결과가 나올지 어떨지는 한 시간 뒤에나 알 수 있다.

"몇 킬로그램이나 나왔나?"
스승님이 전화를 걸어 물으셨다.

놀라지 마시라. 85킬로그램!

처음 계획으로는 60킬로그램이면
남자 혼자 1년 동안 넉넉히 먹을 양이라고 생각했다.
그런데 애초 계획보다 1.5배나 더 많은 쌀이 나온 것이다.

여름 기온도 낮았고, 태풍도 덮쳤지만 '대풍'이었다.
아무것도 모르는 초짜에게 흙이 베푼 은혜다.

사람도 벼도,
너무 익으면 좋지 않아

높고 푸른 하늘. 야트막한 산들을 뒤덮은 짙은 숲. 하늘에는 구름 한 조각 없다. 황금빛 벼이삭이 무게를 못 이겨 고개를 숙인다. 바야흐로 벼 베기 좋은 날씨다.

"잘 여물었군 그래."

아버님이 '네코'라고 부르는 일륜차를 밀고 지나가면서 말을 건넸다.

"오늘 벨 건가? 손으로 벨 거야? 힘들 텐데, 조심해―"

보니가 두 팔을 저으며 응원을 보냈다.

"농사가 잘돼서 혼자서는 다 못 먹겠네."

이웃 농부들이 활짝 웃으며 말을 걸었다. 이른 아침 한 시간만 농사지어 남자 혼자 1년 먹을 쌀을 얻겠다, 이런 멍청한 계획도 마을에 널리 알려졌다.

다들 표정이 밝은 결실의 계절 가을. 드디어 막판이다. 초짜가 땅을 일구고 바보가 써레질하고 얼간이가 모내기를 했어도 벼는 자란다. 노력만 하면 이삭은 열린다. 땅은 배신하지 않는다. 자연이 베풀어준 것에 숙연한 마음이 든다. 보답을 바라지 않는 순수한 증여.

열흘 전부터 논의 물을 빼고 바닥을 말렸다. 스승님이 벼를 벨 날짜를 정해주셨다. 너무 오래 내버려두면 시기를 잃는다. 쌀 맛도 떨어진다.

"아직 익지 않은 낟알이 좀 남아 있을 때 베야 해. 뭐든 너무 많이 익으면 좋지 않잖아? 사람도 마찬가지지."

스승님의 네 번째 어록이 탄생했다.

기계를 들이기 전에 우선 논의 네 모퉁이를 낫으로 벴다. 힘든 작업이다. 내내 허리를 구부리고 해야 한다. 벼 두세 포기를 움켜쥐고 벨 때마다 허리에서 이상한 소리가 났다. 이날을 위해 사두었던 지카타비를 신었지만, 낫에 힘을 얼마나 어떻게 주어야 하는지 몰라 너무 용을 쓰다가 내 다리까지 벨 뻔했다.

"에구, 일하는 꼴하고는… 그냥 콱 베어버려. 네 발인데 뭐."

여전히 매정한 스승님. 두 개밖에 없는 소중한 다리를 잘라버리면 어쩌라고요.

어느 정도 벼가 모이면 베어낸 벼의 밑동 부분을 가지런히 해 끈으로 묶는다.

"이걸로 묶어."

스승님이 지푸라기를 던져주셨다. 스승님은 작년에 벼를 베고 남은 지푸라기를 버리지 않고 모아 두었다. 그걸로 벼 밑동을 단단히 묶는다. 벼를 벤 뒤 짚을 버리지 않는다. 겨도 버리지 않는다. 겨는 밭농사에 좋은 비료가 된다고 한다. 물론 나일론이나 비닐 끈을 사와도 되지만 능숙한 농부들은 물건을 사지 않는다. 벼도 남기지 않고 이용한다.

벼를 묶을 때는 손힘을 많이 써야 한다. 뭐랄까, 드라이버를 쓰지 않고 손가락으로 나사 머리를 잡고 돌리는 느낌이라면 이해하기 쉬울까. 금방 힘이 빠진다.

일이 지겨워질 때쯤 구세주가 등장했다. 스승님이 빌려준 소형 바인더다. 60평짜리 좁은 내 논에는 큰 장비를 내려놓을 길이 없다. 그래서 논에서 쓰는 바인더도 사람 힘으로 조종하는 소형 일륜 바인더가 적당하다. 타이어가 하나여서 벼도 한 줄씩 순서대로 베야한다.

이 장비가 좋은 점은 벼를 베어 쌓은 다음 묶어주기까지 한다는 거다. 조금 전 손힘이 빠지는 수작업을 경험한 뒤에는 눈물이 날 정도로 고마운 문명의 이기다. 스승님이 시범을 보여주었다. 잘 여문 이삭을 한 줄씩 베어 그 줄 끝에 이르면 턴을 한다. 오토바이 운전과 똑같은 요령이다. 멋진 솜씨였다.

"이거 아주 쉽겠네."

나는 신바람이 났다. 하지만 그런 기분은 몇 초 지나지 않아 무너지고 말았다. 지금까지 써본 농기구 가운데 가장 어려웠다. 벼가 늘어선 줄 맨 앞에 디바이더라고 부르는 베어 들이는 입구를 맞추고 클러치 스위치를 껐다가 켜면서 앞으로 나아가면 된다. 말로 설명하면 아주 간단하지만 어디서 벼가 늘어선 줄이 시작되는지 알 수 없었다.

익을수록 고개를 숙인다는 벼 아닌가. 벼는 고개가 휘어질 만큼 잘 여물었다. 그런 이삭에 가려 어디가 시작되는 부분인지 알 수가 없었다. 똑바로 진행하려고 하는데 그만 삐뚤어져버렸다. 벼를 베려고 조종했는데 벼와 벼 사이의 틈새로 가고 만다. 그 결과, 잘 여문 이삭을 쓰러뜨리고 말았다.

"아니야! 줄이 시작되는 부분을 잘 봐야지!"

버럭 호통을 치셨다. 아무리 봐도 그게 어딘지 모르겠다니까요!

반 년 동안 스승님에게 야단을 맞아가며 농기구 쓰는 법은 얼추 익혔다고 생각했다. 쟁기질, 써레질, 모내기 같은 걸 어쨌든 큰 탈 없이 해냈다. 클러치가 있는 오토바이를 타본 적이 있으니 이런 농기구쯤이야 별 문제 없이 다룰 수 있을 거라 생각했다. 하지만 가장 중요한 작업인 벼를 베는데 바인더가 말을 듣지 않는다. 내가 지나간 자리에는 벼가 애처롭게 쓰러져 있었다.

악플 테러보다 끔찍한 것

이즈음, 내가 근무하는 아사히신문사는 그야말로 난리가 난 상태였다. 종군위안부와 후쿠시마 원자력발전소 요시다 조서 관련 기사에서 연달아 오보를 내 사장이 물러났다. 회사도 망할 것 같은 상황이었다.

신문을 통한 벼농사 연재는 그런 상황을 예상하고 시작한 것은

■ 2011년 동일본대지진에 따른 후쿠시마 원자력발전소 사고 처리를 지휘하던 당시의 요시다 마사오 발전소 소장이 정부 조사에 응했을 때 만들어진 기록들을 두루 일컫는다. 아사히신문은 2015년에 이 조서를 비공식적으로 입수했다며 관련 사실들을 집중적으로 특종 보도했지만 결국 오보로 밝혀졌다.

아니지만, 본의 아니게 시기적절한 기획이 되고 말았다. 사실 뭐, 회사는 망해도 상관없다고 생각했다. 회사가 어떻게 되든 나는 글 쓰는 일을 평생 할 것이다. 그러기 위한 군량미를 지금 만들고 있지 않은가. 오히려 의욕이 더 커졌다.

하지만 도쿄에서는 동료 기자들이 트위터 등을 통해 '의욕이 꺾인다'고들 털어놓고 있었다. 요미우리신문의 사회면에 한 기자의 트위터 글이 인용되기도 했다. 경쟁지에게 이렇게 조롱당하다니, 비참했다.

"웃기네. 그 정도로 의욕이 꺾여? 뭐 그렇게 쉽게 꺾이나. 의욕이 빼빼로냐?"

미움이나 살 소리지만 진심으로 그렇게 생각했고 인터넷에서도 난 그렇게 큰소리쳤다. 이른바 '넷우익'들의 아사히 기자 공격도 심해지는 중이었다. 기자들 트위터에 '살해'니 '살충'이니 하는 협박이 날아들기도 했다. 어떻게 내 계정을 알아냈는지 직접 관계가 없는 나한테까지 찾아와 '살충 리스트'라고 댓글을 써놨다. 재미있군. 훌륭해. 용케 이런 시골까지 살충하러 와준다면 맥주 한잔 대접하고, 두어 시간 이야기도 들어주지. … 뭐 이런 트윗으로 응답했다.

다만 내 논에 손을 내면 용서하지 않겠다. 잘 익은 벼이삭에 무슨 나쁜 짓이라도 하거나 벼를 쓰러뜨리거나 한다면 그냥 놔두지 않을 테다. 나는 어느새 내 논에 대해 이런 감정을 품고 있었다.

그런데 이게 뭔가. 태풍도 아니고 멧돼지도 아니고 넷우익 놈들도 아니다. 다름 아닌 나 자신이, 땀 흘리며 키워온 벼를 스스로 쓰러뜨리고 있다. 서툰 솜씨가 내 미래를 파괴한다. 50년을 살아오면서 처음 울었다. 겨우 요령을 익혔을 때는 벼가 몇 줄 남지 않았을 때였다. 내가 쓰러뜨린 벼들이 처참하게 누워 있었다.

"불쌍하군."

쓰러진 벼를 스승님이 낫으로 베어 묶어주셨다. 한심하다. 주제에 어울리지 않게 풀이 죽었다. 운다고 쌀이 나오는 것은 아니다. 마음을 추슬렀다.

그리고 볏단 말리기. 논 한가운데 나무 막대로 버팀목을 쭉 세우고 거기에 긴 장대를 걸친 다음, 그 위에 볏단을 걸어 말린다. 기계로 말릴 수도 있지만 스승님 방식은 햇볕에 말리기. 품이 든 만큼 맛이 다르다고 한다.

버팀목으로 세우는 나무 막대들은 스승님의 부친 때부터 써왔다는 유서 깊은 물건이다. 오래 써서 길이 들어서는 표면이 반들반들하다. 이 막대들을 삼각대처럼 교차시켜 나무망치로 탁탁 두드려 땅에 깊게 박는다. 나무망치도 손수 만든 것이다. 탁, 탁, 하고 나무망치로 때리는 메마른 소리가 활짝 갠 가을 산에 메아리친다. 기분 좋다. 그런데 손의 힘이 차츰 빠진다.

삼각대 윗부분에서 엇갈리는 막대들은 끈으로 단단히 묶어 장대를 떠받칠 수 있게 한다. 끈은 다다미 테두리에 두른 천을 갈 때 벗겨놓은 것을 재활용한다. 이게 제일 튼튼해서 단단히 묶을 수 있다. 다시 강조하지만 농사 잘 짓는 농부는 돈을 쓰지 않는다. 돈이면 뭐든 살 수 있다는 생각은 논에서는 어리석은 생각일 뿐이다.

다음은 장대 조달이다. 장대 역시 인근 산에서 베어 온다. 스승님 뒤를 묵묵히 따라갔다. 스승님은 짐승들이 다니는 길을 찾아 껑충껑충 경사가 급한 언덕을 올라갔다. 체력이나 기력이나 한계에 이르러 가신히 뒤를 따랐다. 스승님은 무릎 관절이 좋지 않아서 걸을 때 조금 다리를 저는데도 움직임이 빠르다. 게다가 길도 잘 찾는다. 스승님이 적당한 길이의 대나무를 재빨리 찾아냈다.

"이게 좋지 않을까?"

들고 간 낫으로 베어 쓰러뜨렸다. 12~13미터쯤 될까? 넘어뜨린 대나무를 혼자서 어깨에 짊어지고 논까지 옮겼다. 생각보다 가볍다 싶었는데 그건 산을 내려올 때까지만. 그 뒤로 논까지 걸어가는데 너무 힘들었다. 무사히 논까지 가지고 갔다는 사실이 지금 생각해도 참 신통하다.

의욕이 빼빼로처럼
꺾이고 말았다

장대들을 아까 땅에 박아놓은 버팀목에 걸치고, 그 위에 드디어 볏단을 얹었다. 우선 묶은 벼를 7대 3으로 갈라 일곱 쪽과 세 쪽을 번갈아 방향을 바꿔가며 쭉 걸어준다. 이렇게 첫 단을 넣어놓는다. 아랫단을 다 채웠는데도 볏단은 아직 반쯤 남아 있다. 그 윗단에는 볏단을 5대 5로 갈라 걸었다. 갈라서 비틀어 걸고, 갈라서 비틀어 걸고…. 반복되는 작업이라 손아귀 힘이 점점 빠진다.

아침부터 시작한 벼 베기 작업이 저녁이 되도록 이어졌다. 아침에 한 시간만 노동하겠다는 '내 규칙'에는 위배되지만 벼 베기만은 어쩔 수 없다. 온종일 일해야 한다. 보기에는 쉬운 것 같지만 볏단을 걸어 말릴 장대 거는 일이 중노동이었다. 거의 한 시간 걸려 간신히 건 위아래 2단의 볏단. 장관이었다. 이제 방조망을 치면 완성. 참새나 해오라기가 쪼아 먹지 못하도록 해야 한다.

방조망은 미리 근처 농기구 매장에서 사두었다. 그물코가 촘촘하고 설치하기 쉽다.

"알로하셔츠 단추 여미듯 하면 돼. 단추 여며 달라고 할 사람도 없잖아. 자랑거리는 아니지만."

"아이고, 고맙사옵니다."

놀리는 스승님에게 웃으며 대꾸하는 말투도 가벼웠다. 마침내 방조망 설치도 끝났다. 다 됐다! 약 반 년에 걸친 중노동 드라마의 마지막 회가 코앞으로 다가왔다. 내가 보기에도 수확량이 상당하다. 굵은 장대가 무게 때문에 휘어져 있다. 장관이다. 스승님도 사뭇 기쁜 표정이다. 볏단 앞에서 함께 기념사진이라도 찍을까?

그런데 바로 그 순간. 뿌드득― 불길한 소리가 나더니 볏단을 걸쳐 놓은 장대가 비스듬히 기울어지기 시작했다. 얼른 떠받치려고 했지만 프로레슬러라고 해도 버틸 재간이 없다. 당장이라도 무너져내릴 것만 같은 볏단. 장대 떠받치는 막대를 덜 세워서일까? 아니면 더 단단히 박았어야 했나?

회사에서는 난리가 나도 내 의욕만은 전혀 꺾이지 않았지만, 고생해서 장대에 건 볏단이 무너져내리면 내 의욕은 빼빼로처럼 꺾이고 말 것이다. 하지만 이대로 버틴다고 무슨 수가 나지도 않는다. 어쩔 수 없다. 포기하고 자빠진 다음, 처음부터 새로 하는 수밖에. 달리 방법이 없다. 또 눈물이 났다.

처참한 심정으로 장대에서 볏단을 다 걷어냈다. 버팀목으로 세운 나무 막대를 뽑아 힘도 없는 오른팔로 다시 망치질을 했다. 탁,

탁, 탁. 가을 저녁놀. 구슬픈 소리가 야트막한 산에 부딪혀 메아리 쳤다.

"울어봐야 무슨 소용이냐. 이것도 다 공부야. 누구~ 탓도 아니 지~ 모두 다 내 탓인 걸~♪"

비토 이사오[■]가 번안해서 부른 애니멀스[■■]의 노래. 스승님, 너무 오래된 노래예요.

작업을 모두 마친 뒤 경트럭을 몰고 집에 도착했을 때는 산 너머로 해가 질 무렵이었다. 지칠 대로 지쳤다.

욕망에 휘둘리지
않는 롤모델

그날 작업은 유난히 많은 생각을 하게 만들었다. 농사의 'ㄴ' 자도 모르고 흙장난도 제대로 해본 적 없는 사내가, 비록 스승님이 시키는 대로였지만 이렇게 일을 하니 흙은 많은 것을 주었다. 바보가 심

[■] 가수 겸 배우. 1960년대 초부터 활동을 시작해 1970년에는 〈내일의 조〉 애니메이션 주제가를 부르기도 했다.

[■■] 1960년대 중반에 인기를 모았던 영국의 록밴드.

고 얼간이가 베도 쌀은 나온다. 자연을 상대로 일을 하면 내가 성장한다. 겸손해진다. 경외의 마음이 샘솟는다. 이 숙연한 감정이 '농업에는 돈 이상의 소중한 가치가 있다, 사회의 밑바탕이 된다'고 하는 믿음으로까지 발전하면 드디어 '농본주의'로 바뀌게 된다.

《농본주의가 미래를 일군다》,《농본주의에의 권유》등을 펴낸 우네 유타카*가 주장하는 농본주의는 예전 우익 활동의 일환이었던 농본주의가 아니다. '삶이란 돈으로만 움직이는 게 아니다, 이대로 가면 자본주의는 막다른 곳에 이르고 말 것이다'라는 문제의식에서 출발한 새로운 농본주의는 근대적인 욕망을 가라앉히고, 자기가 사는 곳을 소중하게 여기는 애향심이 중요하다며 이렇게 말한다.

'인간의 욕망을 다 채우려 하면서 살아가면 안 된다. 자연 속에서, 자연의 품에서, 자연스럽게 살아가려는 방식에서 새로운 이상을 찾아야 한다.'

전체적인 내용에 이의는 없지만 나처럼 어설프고 어중간한 농사와는 많이 다르다. 내가 서 있을 위치는 어설프고 어정쩡한 농부라는 점이 중요하다. 아침에 한 시간만 논에 서는 농부라는 사실을 가장

■ 농약 사용 줄이기 운동을 펼친 농업 기술자.

중요하게 여기고 싶은 것이다. 즉 농사면 만사 해결이라는 생각은 전혀 없다.

많은 도시인들은 농업이라면 자연, 공생, 치유, 환경 같은 단어를 떠올리며 신성시하곤 한다. 나는 전혀 그렇게 보지 않는다. 과격하지만, 오히려 농업이야말로 근대의 다양한 문제점들을 낳은 장본인이라고까지 생각한다.

'인간의 욕망을 다 채우려 하면서 살아가서는 안 된다'라고 하는데, 그렇다면 근대를 특징짓는 욕망은 뭘까? 그건 '돈이야말로 전부'라고 하는 에토스다. 왜 돈이 전부인가. 시장경제가 전 지구를 뒤덮어 뭐든 교환 가능해졌기 때문이다. 돈만 있으면 거의 모든 것을 교환할 수 있다.

그 결과, 인간이 지닌 욕망 자체도 보편화되어 갔다. 일반욕망이 되었다. 다들 같은 것을 갖고 싶어 한다. 인간은 타인의 욕망을 욕망한다. 그런 욕망이 바라보는 궁극적인 대상은 돈, 그 자체다. 뭔가를 사기 위한 '수단'이었던 돈이 그 자체로서 '목적'이 되고 만 것이다. 이처럼 '근대적인 욕망을 가라앉히는 일'이 중요하다는 우네의 주장은 옳다. 하지만 동시에 별 의미가 없다고나 할까, 현재로선 유효하지 않다.

근대적인 일반욕망을 지닌 사람, 근대 시스템 안에서 살아갈 수밖에 없는 사람에게 '근대적인 욕망을 품지 말라'고 하는 것은 도덕과 윤리의 문제다. 이런 세상을 만든 기성세대가 젊은이들에게 사과한다고 해봐야 어른들 기분이 후련할지는 몰라도 아무 의미가 없다. 그런 식으로 청빈한 삶을 살아야 한다는 사상을 떠들어봐야 귀에 들어오기나 하겠는가?

이런 소리를 말로만 할 게 아니라 실제 생활에서 보여줄 수 있는 그런 어른이 필요하지 않을까? 일반욕망에 얽매이지 않고도 즐겁게 살아가는 사람이 우리 주변에 존재하는 게 중요하지 않은가. 실제로 자신의 삶을 떳떳하게 살아내고 있는 그런 롤모델이 필요하다.

인간은 일이 없으면 살아갈 수 없다. 대부분의 사람에게 노동은 인생의 대부분을 차지한다. 그런 노동 현장에서 자신의 삶을 떳떳하게 살아내고 있는 어른은 과연 몇이나 될까. 대부분의 사람에게 노동이란 굶어 죽지 않기 위해 하는 것, 감수해내야 할 것, 될 수 있으면 하고 싶지 않은 것, 그런 것이 되고 말았다.

그렇지만 원래는 그렇지 않았을 것이다. 노동은 마지못해 하는 게 아니다. 노동은 오히려 기쁨의 원천이었다. 타인에게 인정받고 스스로 자기 존재를 인식할 수 있는 '승인' 같은 것이었다. 노동만이나 자신을 단련시켜준다. 노동을 통해 생존 양식을 얻을 수 있게 되면 비로소 떳떳하고, 자기답고, 굳건한 현존재(現存在)[■]로서 살아갈 수 있을 것이다.

'세속적인 욕망을 버리고 자연의 품에 안겨 살아가라'고 백날 떠들어봤자 고리타분한 설교일 뿐이다. 자기가 진짜 좋아하는 일, 이게 아니면 삶의 의미가 없는, 자기 인생을 걸 만한 일을 찾아내라. 그리고 그것에 달라붙어 물어뜯다 쓰러져라. 내가 지금 하고 있는 일은 그런 자세의 한 가지 사례인 셈이다. 글을 쓴다는 일에 내 짧은 인생을 걸고 달라붙어 물어뜯다가 쓰러지겠다.

자본주의 시스템을 만들어낸 농업

나도 농사를 지으며 이런 소리를 하기는 그렇지만, 농업이야말로 근대의 여러 문제를 일으킨 원흉이라고 생각한다.

[■] 자신을 지금 여기(da)에 있는(sein) 것으로 자각하는 존재. 독일어로 '다자인(Dasein, 여기 있다)'이라고 하며, 하이데거가 자신의 개념을 설명하기 위한 용어로 사용했다. 특히 《존재와 시간》에서 자주 쓴 말이다.

'농업을 소홀히 한 결과 애향심이 없어졌다. 욕심 사나운 자본주의나 시장원리주의가 온 세상을 집어삼키게 되었다. 근대적인 욕망이 넘쳐나는 사회가 태어난 것이다. 그러니 농본주의로 돌아가 자연에 어울려 자연스럽게 살아가야 한다.'

이런 주장은 애당초 앞뒤가 뒤바뀐 소리다. 기술의 역사로 바라보면 사태는 오히려 그 반대다. 아득히 먼 옛날 농업이 인간사회에서 결정적으로 중요한 '일'이 된 뒤, 탐욕스러운 자본주의, 시장원리주의, 남근주의가 싹튼 것이다.

내 논은 심하게 점토질이라 땅을 일굴 때 아주 힘이 든다. 대신 영양이 풍부한 토지라고 할 수 있다. 어쨌든 고대사회 사람들은 농업에 종사하기 시작하면서 점토를 알게 되었다. 처음에는 점토를 집벽을 바를 때 썼지만 이내 토기를 만드는 데도 쓰게 되었다. 토기는 구우면 단단해져 사용하기 아주 편해진다. 토기를 굽기 위해서는 높은 열을 견디는 가마가 필요하다. 이 가마를 만들 때 쓰인 것도 농업이 발견한 점토였다.

가마를 개량해 드디어 500도가 넘는 높은 열을 낼 수 있게 되자 이번에는 금속을 다룰 수 있게 되었다. 금속을 도구로 성형하려면 높은 열에서 녹여 부드럽게 만들 필요가 있다. 맨 처음 청동기시대가 있었고, 차츰 더 단단한 금속인 철기시대가 뒤를 이었다. 철기는 무기로 쓰려는 수요도 있었지만 농기구가 더 많이 만들어졌다. 더 강한 금속으로, 더 힘센 가축이 끄는 도구는 땅을 더 깊게 갈아 생산성을 올릴 수 있게 해준다.

농기구의 필요성은 세월이 흐를수록 더욱 커졌다. 농사짓는 사람이 밭일 틈틈이 농기구를 만들어서는 도저히 수요를 감당할 수 없게 되었고, 그래서 '분업'이 생겨났다. 밭을 일구는 사람과 농기구를 만드는 사람이 나뉘게 된 것. 농업에서 공업이 분리된 것이다.

사회적 분업은 당연히 생산물의 교환을 촉진한다. 쌀과 보리를 재배하는 사람이 농기구를 만든 사람과 교환한다. 물물교환의 규모가 점점 커지면서, 물건을 직접 교환하기 불편해 마침내 화폐가 탄생한다. 시장이 생겨나고 세월은 흘러흘러 마침내 지금과 같은 글로벌 시장이 만들어졌다.

무슨 말을 하고 싶은 것이냐 하면, 농본주의가 적으로 여기는, 적이라고까지는 하지 않더라도 농본주의가 백안시하는 '시장'이란 놈도 인류 문명사 안에서 보면 농업이 이끌어낸 시스템이라는 거다.

그렇게 해서 교환이 발전하고, 분업이 더욱 세분화되면 생산성이 올라간다. 그러면 사람이 살아가기 위해 필요한 양보다 더 많은 농작물을 수확하게 된다. 잉여 생산물의 가능성이 나타나는 것이다. 이렇게 되면 어떤 일이 벌어질까. 그렇다. 바로 권력이 탄생한다. 권력도 농업이 낳은 것이다.

농경사회 이전에는 널리 알려진 바와 같이 수렵채취가 중심인 사회였다. '수렵채취 사회는 남성의 힘이 좌우하는 세계다. 커다란 짐승을 쓰러뜨려 그 고기를 동굴로 옮길 수 있는 힘센 남자가 여성에게 인기를 얻는다. 많은 여성을 차지할 수 있다. 일부다처제 사회였다. 수렵채취 사회에서 농경문화로 넘어가면서 그 '남성적인 힘'이 더 이상 절대적인 능력이 아니게 되었다. 농사 기술이 있고, 주위 사람들과 잘 협조할 수 있는, 이른바 '평화적인 능력'이 필요해졌다.'

대다수가 상식으로 믿는 이것은 사실 터무니없는 오해다. 오히려 수렵채취 사회에서 남성의 지배력이 상대적으로 약했다는 것이 생물인류학의 결론이다. 오랜 인류 역사를 살펴보면 이동하면서 수렵채취를 하는 식량탐색형 사회의 역사는 농경사회보다 훨씬 길다. 오스트랄로피테쿠스 이래의 인류 역사는 100만~360만 년. 농경사회는 기껏해야 약 1만 년 전에 시작되었을 뿐이다.

아직도 일부 남아 있는 수렵채취 사회 중에서 일부다처를 인정하는 사회도 있기는 하다. 하지만 원래 수렵채취 사회에서는 한 남자가 여러 여성을 차지하기는 곤란했다. 식량이 될 사냥감이 어디 숨어 있는지도 모르고, 설사 잡았다 해도 냉장고나 냉동고가 없던 시대라 보관하기도 어렵다. 결국 일시적인 소유물이 될 수밖에 없다.

사람에 따라 신체적 능력이 다르기 때문에 얻을 수 있는 식량의 양은 차이가 날 테지만, 농사지을 땅이 있느냐 없느냐 하는 것에 비하면 아주 미미한 차이다. 남녀 사이에도 식량을 얻는 양에 큰 격차가 나지 않았다.

> 적어도 온열대 지방의 식량탐색형 사회에서는 '경제적' 공헌도가 남성 쪽으로 극단적으로 기울어져 있지는 않다. 어린이, 특히 갓난아기의 육아만 해도 아버지와 자식의 접촉 시간을 기준으로 보면 식량탐색형 사회는 농경사회에 비해 길다. 결과적으로 남녀의 정치적 힘의 관계는 불평등해지기 어려웠다.
> — 우치다 아키코■,《생명을 잇는 진화의 신비》

수렵사회를 남성 중심의 마초 사회, 농경사회는 남녀 협력 사회라고 생각하기 쉽지만 사실은 그 반대다. 농경사회가 육체적인 힘이나 사회관계를 이용해 토지를 집적하고 소작인을 고용해 더 많은

■ 하버드대학 생물인류학 박사 과정 수료. 와세다대학 국제교양학술원 교수.

농산물을 획득해 마침내 권력을 집중시키기에 더 적합한 사회다.

아무리 그럴 듯하게 포장하더라도 논은 '해로운' 새와 짐승, '잡초'라고 불리는 식물을 배제하면서 단일 작물을 생산하는 일종의 '공장'이나 마찬가지다. 논을 일구면 문제가 다 해결된다고 생각해서는 안 된다.

노동은
사람을 생각하게 만든다

하루에 두 번씩이나 볏단을 다시 걸었다. 벼를 베느라 지칠 대로 지쳐 완전히 곯아떨어졌다. 드디어 끝이 보인다. 이제 볏단을 일주일쯤 햇볕에 말리면 된다. 하지만 논의 신은 쉽게 넘어가주지 않았다. 이튿날 아침, 스승님이 전화를 주셨다.

"이거 큰일 났네. 아휴, 눈물이 날 것 같아…."

결코 스승님 입에서는 나오지 않을 것 같은 약한 소리. 그 목소리 뒤로 하이노 게이지의 기타 소리 같은 폭풍우의 굉음이 울려 퍼지고 있었다. 태풍 19호. 순간 풍속 35.5미터라는 엄청난 세력을 지닌 그놈이 이곳 나가사키를 향해 접근하고 있었다.

규슈는 자연재해가 많은 고장이다. 올해도 흉악한 태풍이 몇 번이나 덮쳤지만 다행히 아직까지 직접적인 피해는 입지 않았다. 올해 태풍은 다 지나갔다 싶은 때였다. 그런데 절묘한 타이밍에 찾아온 초대받지 않은 손님.

어제 종일 벼를 베고 볏단을 말리기 위해 장대에 널었다. 한 번 무너진 걸 처음부터 다시 널었다. 모두 끝낸 뒤, 장대 앞에서 손가락으로 V자를 그리며 스승님과 나란히 기념 촬영까지 했다. 그런데 바로 몇 시간 뒤에 거대한 태풍이 정통으로 덮쳐온 것이다.

고물 경트럭을 몰고 달려갔다. 거센 바람에 차가 날아갈 것만 같았다. 내 논을 보자마자 그만 소리를 지르고 말았다.

"으악! 볏단이—"

올봄 우연히 만난 스승님을 붙들고 늘어져 하나하나 배워가며 땅을 일구고 써레질하고 모내기, 방충, 제초를 더듬더듬 해나가면서 간신히 완성 직전까지 왔다. 그런데 프로레슬러도 들어올릴 수 없을, 몇 킬로그램이 나갈지 모를 만큼 무거운 내 볏단, 내 1년, 내 미래가 춤을 추며 하늘로 날아오르고 있었다….

이렇게 되면 사람의 힘으로는 도저히 어쩔 도리가 없다. 지켜보고 있을 수밖에. 바람이 잦아든 것은 해가 꼴깍 넘어간 뒤였다.

이튿날 아침. 태풍이 지나간 하늘은 푸르렀다. 야트막한 산의 초록 능선과 새파란 하늘이 칼로 베어낸 것처럼 경계가 뚜렷했다. 새 지저귀는 소리가 울려 퍼졌다. 거짓말처럼 평온한 가을날.

아침 논에는 이슬이 가득
때까치 하늘 높이 날아오르고
하느님은 하늘에서 다스리시니
온 세상은 무사하다. ▪

내 논뿐만이 아니었다. 스승님 논도, 아버님 논도 볏단이 깔끔하게 날아갔다. 내 버팀목이나 장대가 시원치 않아서는 아닌 듯했다. 그 것만은 살짝 마음이 놓였다. 스승님은 일찌감치 논에 나와 자기 볏단을 손질하고 있었다.

"몇 십 년이나 농사를 지었는데 이런 일은 처음일세. 그래도 글 쓸 소재는 됐겠지?"

반년 넘게 나와 어울리시더니 글쟁이 마인드가 다 되셨다. 내 마인드는 이미 농부. 글 쓸 소재 따위 필요 없다. 볏단 말리는 작업

▪ 영국 빅토리아 시대의 대표적인 시인 로버트 브라우닝(Robert Browning)이 1841년에 발표한 〈The Year's at the Spring〉이란 시를 조금 각색해 읊은 문장이다.

이 제일 힘들다.

세 번째 시도. 처음부터 다시 또 볏단을 널었다. 하늘로 날아올랐던 볏단을 모두 긁어모았다. 버팀목을 다시 땅에 박고 다다미 테두리에 둘렀던 천으로 단단히 묶은 다음, 장대를 그 위에 걸쳤다. 그리고 계속 볏단을 널고, 또 널고…. 손아귀 힘은 금세 빠져버리고 지옥 같은 근육 트레이닝이 이어졌다.

하지만 이 태풍이 지나간 뒤로는 맑은 가을 날씨가 이어졌다. 닷새가 지난 일요일. 드디어 곧 탈곡이다. 스승님 댁에서 탈곡기를 빌려 경트럭 짐칸에 실었다.

"떨어진 이삭도 다 주워야 해. 안 그러면 탈곡도 못할 줄 알아."

이렇게 겁을 주었지만 그건 자신 있다. 태풍이 덮쳤던 이튿날, 피해를 염려해 땅 주인 아들이 스승님 몰래 도와주러 왔었다. 이리저리 흩어진 볏단을 모으고 떨어진 이삭을 줍는 일까지 거들어주었다. 이삭줍기. 지루하지만 중요한 일이다. 벼를 벨 때나 말릴 때 떨어진 벼이삭을 하나하나 꼼꼼하게 줍는다. '어떻게 이런 곳에?' 하는 생각이 드는 논 구석까지 벼이삭이 떨어져 있다.

"우리 아버지가 농사지을 때도 자주 이삭줍기를 도우라고 하셨거든요. 아깝지 않냐! 하시면서요."

땅 주인 아들은 직장에 다녀 더는 농사를 짓지 않지만, 3년 전 세상을 떠난 그의 부친은 벼농사의 달인이었다.

"농부는 이삭줍기가 제일 중요하지!"

스승님의 다섯 번째 어록이다.

태풍이 지나간 뒤로 매일 아침 논 구석구석을 살피며 떨어진 이삭을 주웠다. 벼 베기가 끝나 깨끗해진 논을 혼자 거닐었다. 말린 볏단에서 짚 향기가 난다. 더 높아진 듯한 하늘에 소리개가 날고 있었다. 조용히 흐르는 물소리 말고는 아무 소리도 들리지 않는다. 조용하고 평온하다.

이렇게 논바닥을 들여다보며 걷다 보면 자연히 생각에 잠기게 된다. 나는 누구인가. 왜 여기 와 있나. 어디로 가고 무엇을 할 것인가. 밀레가 그린 명화 〈이삭 줍는 사람들〉에서 사람들의 얼굴이 모두 생각에 잠긴 듯 보이는 데는 다 이유가 있다. 노동은 사람을 생각하게 만든다.

고흐의 그림 가운데 〈구두 한 켤레〉라는 작품이 있다. 농부의 허름한 구두를 그린 것인데, 고단한 농부의 모습이 생생하게 연상되는 깊이 있는 작품이다. 《존재와 시간》을 쓴 철학자 하이데거가 이 그림에 대한 글을 남겼다.

이 구두라는 도구 안의 어두운 구멍이 응시하는 것은 노동을 위한 걸음의 고단함입니다. 이 구두의 묵지기한 무게에는 거친 바람이 몰아치는 밭에 펼쳐진 단조로운 밭이랑을 느릿느릿 걷던 끈기 있는 걸음이 담겨 있습니다. (중략) 구두 안에는 대지의 울림이 담긴 외침이, 잘 익은 보리를 선물로 전하는 대지의 정적이, 겨울 들판의 황량한 휴경지에 가득 찬 까닭을 알 수 없는 거절이 흔들리고 있습니다. 이 구두를 신는 것은 빵을 얻기 위해 한숨도 제대로 쉴 수 없는 애타는 마음, 다시 고난을 극복해냈다는 말로 표현할 수 없는 기쁨, 탄생을 앞둔 떨림, 죽음의 위협으로 인한 전율이 흔들리고 있습니다. (중략) 농부의 아내**는 해가 질 때마다 고단하지만 건강한 피로를 기억하며 구두를 벗습니다. 또 이튿날 새벽, 해가 떠오르기도 전에 다시 구두를 신습니다. (중략) 농부의 아내는 그때마다 관찰도 않고 성찰도 하지 않는데 방금 제가 이야기한 것들을 모두 다 알고 있습니다.

— 하이데거 선집 12《예술작품의 근원》

이 농부의 구두는 내 알로하셔츠와 같다. 이른 아침 알로하셔츠를 걸칠 때마다 신자유주의자에 의한 죽음의 위협, 벼라는 선물을

■ 하이데거는 이 구두를 농부의 아내가 신는 신발로 보았지만 달리 보는 주장이 많다.

주는 대지의 정적, 고난을 극복한 뒤의 기쁨, 그리고 관찰도 성찰 없이 모든 것을 저절로 깨닫게 되는 지혜를 얻는다.

고흐가 그린 농부의 구두는 있는 존재의 참모습을 드러내는 '알레테이아(aletheia, 숨어 있지 않음)'라고 하이데거는 말했다. 대지와 마주한다. 무언가를 낳는다. 거기서 나의 존재 의미가 또렷하게 드러난다.

나는 아직 내가 아닌 '무언가'가 되려 하기 때문에 나일 수 있는 것이다. 세상 사람들이 정한 '대략 이런 것'으로 계속 남아 있다면 그것은 내가 아니다. 세상 사람이다. 불태우고 불태우고 또 불태워 뼈마저 새하얀 재가 되도록 살다가 죽는다. 실존이란 결국 '내일의 조'인 것이다.

드디어 탈곡, 반년 농사의 결실

매일 아침 한 시간씩 정신을 바짝 차리고 떨어진 이삭을 주웠다. 이젠 낟알 하나도 떨어져 있지 않을 거라는 자신이 있었다. 꼼꼼하게 주워 모은 이삭은 다른 자루에 넣어 햇볕에 말렸다.

"이거면 덮밥 몇 그릇이나 나올까요? 네 그릇쯤 되려나?"

"아니, 네 큰 밥그릇으론 어림도 없어."

스승님과 우스갯소리도 주고받았다. 스승님의 탈곡기를 빌렸다. 경트럭 짐칸에 싣고 논 가까이까지 운반해 소형 크롤러로 차에서 내려 자리를 잡았다. 햇볕에 말린 볏단을 탈곡기에 넣었다. 탈곡기가 볏단에서 낟알을 훑어냈다. 허리 높이까지 오는 큰 부대에 낟알이 쏟아져 들어갔다. 금방 세 자루가 찼다. 가득 채워 몇 킬로그램이 나갈지 모를, 내 보물들이 묵직하게 담긴 자루를 웃차 하고 짊어졌다.

"자네 힘이 꽤 세구먼. 어지간해서는 어깨에 짊어지지 못하는데. 솔직히 말해봐. 도쿄 출신 아니지? 어느 시골 출신인가?"

도쿄 시부야에서 태어나 센터가이에서 자랐다니까요. 반년이나 나를 가르치고서도 가끔 이름까지 다르게 부른다. "치매 시작인지도 모르니 검사 한번 받아보세요"라고 되받아칠 여유가 내게는 없다. 경트럭 짐칸까지 세 번을 비틀거리며 오갔다. 드디어 마무리다. 근처 정미소에 벼를 가지고 갔다. 자루가 무거워봐야 아무런 의미가 없다. 도정을 하고 난 뒤 현미가 몇 킬로 남느냐가 승부다.

"알맹이가 없는 쌀도 많지. 그걸 쭉정이라고 해. 기계로 바람을 불어 날리면 다 날아가지."

정미소에서 일하는 아주머니가 가르쳐주셨다.

"댁이 이 부근에서 벼농사 짓는다는 그 괴짜유? 이런 샤쓰 입고 있는 거 보니까 딱 알겠네 그래."

추수철이라 정미소는 북적였다. 내 차례가 올 때까지 가슴이 계속 두근두근. 해가 저물녘까지 기다렸다. 좋은 결과가 나올지 어떨지는 한 시간 뒤에나 알 수 있다.

"몇 킬로그램이나 나왔나?"

정미소에서 헤어진 스승님이 전화를 걸어 물으셨다.

놀라지 마시라. 85킬로그램! 처음 내 계획으로는 한 섬(60킬로그램)이면 남자 혼자 1년 동안 넉넉히 먹을 양이라고 생각했다. 그런데 애초 계획보다 1.5배나 더 나온 것이다. 여름 기온도 낮았고 태풍도 덮쳤지만 '대풍'이었다. 아무것도 모르는 초짜에게 흙이 베푼 은혜다. 현미라고 해도 두 자루 가득 채우고 나머지 한 자루는 반쯤 채웠다. 비용은 한 자루에 400엔인데 두 자루 값만 받기로 해서 800엔, 그리고 자루 세 장 값으로 120엔. 도합 920엔. 완전 초보자의 벼농사 마지막 비용이었다. 4월에 처음으로 산 장갑 한 다스 198엔. 제일 비쌌던 것이 고물 경트럭 10만 엔. 경트럭은 초기 투자로 보고 제하면 벼농사 자체에 든 비용은 생각보다 훨씬 쌌다. 기껏해야 연간 1~2만 엔.

일단 1년 생활비와 별도로 20~30만 엔을 모아두면 된다. 회사가 없어지건 회사에서 잘리건, 글 쓰는 일을 포기하지 않아도 된다. 논에 나가는 거다. 굶어 죽지는 않을 것이다. 식량은 마련했다. 하지만 이건 출발선에 지나지 않는다. 이제는 겁먹거나 움츠러들지 말고, 쓰고 싶은 글, 써야 한다고 믿는 글을 쓰기만 하면 된다. 남은 일은 어떻게 사느냐다.

지금까지 몇 번이나 쓰러졌던가
그래도 난 이렇게 일어선다
그래, 할 땐 해야지
난 지지 않겠다
그런 사나이다
'힘내'라는 소리 하지 말라
난 언제나 최고니까
난 불멸의 사나이, 난 불멸의 사나이
— 엔도 겐지, 〈불멸의 사나이〉

10. 지속 가능한 밥벌이를 위하여

이른 여름 아침,
바다에서 아침 해가 떠오르는 광경을 본다.

손을 모아 해를 향해 합장한 뒤 논으로 출근한다.
해안도로를 타고 달리면 파도가 없는
잔잔한 바다 위에 햇살이 부딪혀 부서진다.

논에서 돌아오면 글쓰기에 몰두한다.
저녁이 되면 글쓰기를 멈춘다.

서재 창밖, 산 너머 저편으로 해가 기운다.
숲이 우거진 산 너머로 커다란 오렌지빛 태양이 사라진다.

맥주를 한잔한다. 아… 정말 아름답다.

쌍둥이빌딩이
무너졌다

완전 초짜가 펼친 약 1년간의 모험은 생각지도 못한 큰 성과를 거두고 막을 내렸다. 집으로 옮길 때도 고생깨나 한, 커다란 쌀부대가 세 개. 안에는 현미가 가득했다. 이걸로 당장 밥을 해 요즘 유행하는 현미밥을 지어도 좋다. 시골 어디에나 있는, 동전을 넣고 쓰는 정미기에 돌려 원하는 상태로 정미해도 된다.

지금까지는 항상 슈퍼마켓에서 작은 봉지에 든 쌀을 사 먹었다. 동전 투입식 정미기 같은 건 써본 적도 없다. 늘 그렇듯 이번에도 어처구니없는 실수를 저질러 쌀알을 바닥에 잔뜩 흘리고 말았다. 그렇지만 이제 그쯤은 상관없다.

정미해서 뽀얀 햅쌀은 쌀겨의 향기가 나고 흙냄새가 난다. 내 손으로 직접 정미하고 내가 지은 밥은 어쩜 이리도 희고 빛나며 달

콤한 걸까. 쌀이 한 알 한 알 탱탱하게 힘이 있다.

맑은 가을날, 좋은 날씨가 이어지고 있었다. 투명하게 파란 하늘에 흰 구름 한 점 없다. 글쟁이인 내 앞길을 하늘이 축복해주는 느낌이다.

하늘의 파란 구름이 희다고밖에 할 수 없는 하늘을 가만히 본다
어디까지가 하늘일까 생각해보면 결국 땅 바로 위까지 하늘이네
— 오쿠무라 고사쿠

이런 푸른 하늘. 왠지 낯익다. 걱정 따위 전혀 없이 기분도 상쾌하고 하늘도 활짝 개었다. 그런 푸른 하늘, 언제였더라….

기억났다. 2001년 9월 11일, 뉴욕, 맑음.

아침에 자전거를 타고 마천루가 이어지는 낯익은 풍경 속을 달렸다. 코끝을 스치는 바람 냄새가 상쾌했다. 뉴욕의 짧은 가을 초입이었다. 자전거로 목적지 가까이에 이르렀을 때였다. 평화롭던 아침 풍경이 순식간에 지옥으로 변했다. 구급차, 소방차가 요란하게 경적을 울렸다. 사람들은 반대 방향으로 미친 듯이 뛰었다.

트윈타워라고 불리는 세계무역센터 북쪽 건물 옆구리에 커다란 구멍이 났다. 그 구멍에서 시커먼 연기가 뭉게뭉게 피어오르고 있었다. CNN이 긴급 뉴스로 비상사태를 알린 때는 오전 9시 직전이었다.

"트윈타워에 소형 비행기가 충돌했다."

처음에는 이런 식으로 보도했다. 카메라를 쑤셔넣은 가방을 들고 산악용 자전거에 올라타 아파트를 출발했다. 아파트는 다운타운인 이스트 빌리지에 있었다. 라이브하우스나 연극용 소극장, 클럽이 밀집한 지역이다. 밤에 놀러나가면 멀리 가지 않고 걸어도 된다. 아파트에서 트윈타워로 가려면 택시나 지하철보다 자전거가 훨씬 빠르다. 익숙한 길이라 이내 현장에 도착했다.

그 순간이었다. 콰앙! 금속과 금속이 부딪히는 듯한 이상한 소리가 하늘에서 들렸다. 두 번째 비행기가 남쪽 건물을 들이받는 순간이었다. 그 뒤에는 다들 알다시피, TV 뉴스에서 수없이 반복했던 그 참극이 내 눈앞에 펼쳐졌다. 내 앞에는 비행기에서 떨어진 것으로 보이는 타이어 파편과 은빛 바퀴, 그리고 기체 일부가 흩어져 있었다. 이때까지만 해도 테러리스트가 탈취한 여객기가 트윈타워를 향해 자폭 공격을 시도했을 줄은 전혀 몰랐다.

빠라라라라락!

몇 시간 뒤, 이번에는 공기가 찢어지듯 끔찍한 소리가 났다. 순간 대낮에 날벼락인 줄 알았다. 저 위에서 고층 빌딩이 무너지기 시작했다. 무슨 일이 벌어지고 있는지 제대로 알지도 못한 채 사람들은 그 자리에 멈춰 섰다.

"이게 무슨 일이야!"

누군가 소리쳤다. 나도 그제야 제정신이 들어 빌딩을 등지고 뛰기 시작했다. 뒤에서 건물이 무너지면서 연기가 화염처럼 쫓아왔다. 월가 주변은 도로 폭이 좁다. 몇 미터나 되는 먼지로 순식간에 휩싸였다. 지금이야 그 연기가 건물이 무너지면서 일어난 먼지인 줄 알지만, 그때 현장에 있던 사람들은 불이 난 줄 알았다. 다들 '저 연기에 휩싸이면 죽는다'고 생각했다.

현장에 있던 그 누구도 빌딩이 무너지리라고는 상상하지 못했다. 그래서 구조 활동에 나섰던 소방관, 경찰관, 구급대원들이 건물에 깔려 목숨을 잃었다. 연기가 해일처럼 덮쳐왔다. 뒤를 돌아보며 허겁지겁 도망쳤다. 그러다 앞 사람과 부딪혀 넘어지는 사람들이 보였다. 어떤 사람은 유모차에 걸려 넘어질 뻔했다. "아기가 있어요!" 아기 어머니가 외쳤다.

눈이 따끔거렸다. 목이 아팠다. 가게들은 문을 닫고 점원들도 도망쳤다. 전쟁터가 따로 없었다. 붕괴 현장에서 기를 쓰고 도망쳐 간신히 차이나타운까지 왔다. 휴대전화로 도쿄에 있는 본사에 계속 전화를 걸었다. 50번쯤 실패한 뒤에야 겨우 도쿄와 연결되었다. 목격한 현장을 머릿속에서 문장으로 조립하며 전화에 대고 소리쳤다.

그러는 중 나머지 건물 하나도 무너지고 말았다. 폭탄을 떨어뜨린 듯 버섯구름이 피어올랐다. 북쪽 건물이 무너진 순간, 옆에 있던 흑인 여성이 비명을 지르며 흐느껴 울기 시작했다. 그 눈물을 나는 아직도 잊지 못한다.

물론 그것은 고층빌딩에 갇혀 있을, 죄 없는 시민의 죽음을 애도하는 눈물이었으리라. 하지만 그 눈물은 희생된 사람들만을 위해 흘린 눈물은 아니었던 것 같다는 생각이 요즘 든다.

뉴욕을 상징하는 미국 자본주의와 그 번영을 드높게 자랑하던 마천루가 무너졌다. 그 장엄하고 화려한 빌딩이 무너져내릴 줄은 누구도 몰랐다. 그런데 너무도 어처구니없이 무너졌다. 절대로 무너질 리 없다고 여긴 것이 무너졌다.

영원히 무너지지 않을 거라고 철석같이 믿던 것이 하루아침에 무너질 수 있다. 빌딩만이 아니다. 로마도, 구소련도 무너졌다. 유일한 초강대국 미국도, 미국형 자본주의도 무너지는 날이 올지 모른다. 미국이 건국 이래 이상으로 삼아온 인권과 민주주의, 그리고 시민의 자유라는, '영원하고 보편적이며 절대적'이라고 믿어온 가치마저 무너질 수 있다. 그것을 목격한 공포, 그것을 예감한 눈물이 아니었을까?

그즈음 미국은 20세기 말부터 이어진 역사상 가장 긴 호황기를 누리고 있었다. IT 혁명에 이어 최첨단 금융 파생상품이 개발되어 미국 경제는 반석처럼 튼튼해 보였다. 빈곤층이 품었던 불만도 조금은 누그러진 상태였다. 세계는 이대로 미국의 주도 아래 계속 성장할 것이다. 순진하게 이렇게 믿을 수 있던 마지막 해였다.

그런 뉴욕에 날아든 두 대의 여객기. 그건 틀림없이 테러리즘이었으리라. 하지만 더 넓은 시각으로, 수백 년을 기준으로 바라보면 이것은 단순한 테러가 아니다. 사건의 주모자에 대해서는 아직 밝혀지지 않은 점이 남아 있다. 그렇지만 이슬람교 원리주의자 테러 조직 알카에다가 범행 성명을 발표한 점을 보면 뭔가 종교적인 갈등이 배경에 있었을 거라 짐작할 수 있다.

그러나 더 큰 세계사적 맥락에서 보면, 일찍이 없던 이 테러리즘은 착취하는 쪽에 대한, 착취당하는 쪽의 강렬한 이의 신청이었다고도 할 수 있다.

자본주의라는 착취 시스템의
근원적 한계

근대 자본주의는 고도로 발달한, 복잡한 경제 시스템처럼 보이지만 사실 그 원리는 간단하달까, 조잡하달까, 빤한 '착취 시스템'이다. 메이저로 대표되는 서양 석유회사가 중동을 비롯한 산유국에서 아주 싼 가격에 원유를 입수한다. 그걸 미국이나 유럽, 일본에 넘긴다. 이걸 원료로 선진국이 부가가치가 있는 공업제품(철강, 대형 기계, 선박, 자동차, 가전 등)을 만든다. 그것을 자원국에 판다.

즉 근대 자본주의에는 자원국이라는 '변방'이 절대적으로 필요하다. 변방에서 에너지를 값싸게 사들여 자기 나라에서 가공해 부가가치를 붙인 다음, 제품으로 다시 변방의 자원국에 팔아치우는 식이다. 이 무한한 순환을 통해 해마다 경제 규모가 성장한다. 아무리 분식하려고 하지만 골격만 보면 이게 근대 자본주의의 뼈대다.

21세기 들어 브릭스(BRICs)를 비롯한 신흥국에서 경제성장 붐이 일어났다. 동시에 '월스트리트를 점령하라'는 식의, 서양 선진국 젊은이들 사이에 좌절감이 퍼지고 격차가 확대되어갔다. 좌절감과 격차 사이에는 깊은 관계가 있다. 선진국에 태어나면 더는 '성장'이라는 스토리를 쓸 수 없다. 당장 지금은 힘들어도 10년 뒤에는 더 풍요로운 삶을 누릴 수 있다는 생각이 아버지, 할아버지 세대에는 가능했다. 하지만 이제는 그런 인생 설계를 할 수 없다. 좋고 싫고의 문제가 아니다. 냉엄한 현실이다.

조금만 생각해보면 알 수 있다. 지구상의 에너지에는 당연히 한계가 있다. 석유도, 천연가스도, 지금 미국에서 붐을 이루는 신에너지 셰일가스 ■ 도 무한정 있지는 않다. 반면 과학기술의 발전은 한계가 없기 때문에 설사 원자력 에너지가 사라져도 태양 에너지나 수소 에너지, 재생 가능한 자연 에너지에서 석유보다 더 싸고 안전한 에너지를 얻을 수도 있다. 그렇기 때문에 성장을 포기해서는 안 된다는 식의 논리도 가능하다.

그렇지만 더 중요한 점은 '변방'에는 한계가 있다는 사실이다. 과학기술의 발달로, 설사 공짜나 마찬가지인 자연 에너지를 인류사 손에 넣을 수 있다고 해도 결국은 거기까지다. 에너지가 완전 공짜라고 해도 제품을 팔 수 있는 변방의 시장에는 한계가 있다. 자동차, 냉장고, 컬러 TV 같은 일본 고도성장기의 '3종의 신기' 같은 상품이 아프리카 대륙 구석구석 보급되거나 저출산 고령화 사회에 들

■ 모래와 진흙이 단단하게 굳어진 퇴적암 지층을 셰일층이라고 하며, 이 지층에 매장되어 있는 천연가스를 셰일가스라고 한다. 1998년 상용화에 성공했다.

어간 선진국에서 고령자 1인당 두 대의 돌봄 로봇이 보급되는 정도로까지 시장이 성숙되면 더는 팔 수 있는 시장이 없다.

얼터너티브 라이프를 위하여

제조비는 최대한 줄이고 매출은 작년보다 최대한 늘린다. 여기서 발생하는 부가가치의 신장이 경제성장이다. 그렇기 때문에 노력하고 말고가 중요한 게 아니다. 이노베이션을 하느냐 마느냐가 중요한 게 아니다. 애당초 20세기형 자본주의 시스템 자체가 원리적으로 한계가 있는 것이다.

그럼 어떻게 해야 하나? 성장을 기대할 수 없다면 젊은이들은 계속 이렇게 쥐꼬리만 한 연봉을 받으며 결혼도 포기하고 불안정한 비정규직 노동자로 살아가야만 할까? 운이 좋아 정직원이 된다고 해도 '24시간 일할 수 있습니까?'라는 시대착오적인 기업의 노예가 되어 사생활과 영혼까지 갈아 넣으며 살 수밖에 없단 말인가?

다들 그렇게 산다고. 그게 인생이라고 회유하는 사람들이 신자유주의자들이다. 굶어 죽고 싶지 않으면 21세기의 룰 아래서 일하라는 것이다. 중국이나 인도의 노동자와 같은 일을 하면 같은 임금을 받고 일하라는 말이다. 이미 노골적으로, 까놓고 그렇게 말하는 카리스마 경영자가 일본에 있지 않은가. 아베노믹스가 말하는 '성장 외에 다른 길은 없다'는 슬로건도 신자유주의가 우리에게 들이대는 위협의 또 다른 변주다.

"○○ 외에는 다른 길이 없다."

뭔가를 강압적으로 밀어붙이려는 사람들의 입버릇은 역사상 모두 똑같았다.

"그렇지만도 않잖아?"

모든 강압을 거부하는 펑크족의 입버릇도 실은 어느 세대나 똑같았다. 펑크족의 핵심은 음악적인 스타일이나 반권력, 반사회, 반체제를 '흉내' 내는 것에 있지 않다. 절대 그렇지 않다. 그러면 펑크란 무엇인가. 단적으로 말하면 DIY 정신. 이거면 된다.

Do it yourself.

내가 원하는 것이 거기 없다면 스스로 만들어라. 파괴가 아니다. 창조다. 굶어 죽기 싫다면 저임금이라도 감수하라고 노골적으로 압박하는 신자유주의를 터무니없는 소리라고 생각한다면, 그런 사회를 비웃어주고 벗어나면 된다. 도주. 다른 삶의 장소, 다른 삶의 방식을 찾아떠난다. 이상한 조어기는 하지만 '얼터너티브 라이프'다.

모든 일이 다 그렇다. 전쟁 때문에 타 죽은 이도 있고 따뜻하게 지낸 이도 있다. 불길 안에 있느냐 그 앞에 있느냐에 따라, 불은 고문이 될 수도 있고 위안이 될 수도 있다. 중요한 점은 결국 어떻게 잘 비켜 가느냐 하는 문제다.
— 루이페르디낭 셀린, 《밤의 끝으로 가는 여행》

자본주의는 틀림없이 종말을 향해 가고 있다. 하지만 그 단말마의 마지막 몸부림 때문에 앞으로 한 줌도 안 되는 부유층은 더욱 부유해지고, 선진국 정부는 더더욱 그 부유층에 의지하게 되는 동시에 부유층의 머슴이 되어갈 것이다.

마르크스와 엥겔스는 '만국의 노동자여, 단결하라'고 했다. 그렇지만 노동자는 단결 같은 것은 하지 않는다. 만국의 부유층만 굳게 단결한다. 돈에는 깨끗한 돈, 더러운 돈이 따로 없다. 돈은 국적이고 인종이고 따지지 않는다. 앞으로도 이 세상 모든 부유층들은 굳게 단결할 테고, 이 단결을 통해 돈을 지닌 사람들이 더욱 유리해질 법, 정부, 노동 제도를 만들어낼 것이다.

이런 세상을 뒤바꾸는 문제는 이 책의 목적이 아니다. 세상은 어느 방향으로건 흘러갈 테지만 좋아질 일도, 더 나빠질 일도 없다. 세상은 늘 추하며, 우리는 기를 쓰고 살 가치가 없다. 그저 이 세상을, 인간사회의 진실을 똑바로 응시하기만 하면 된다. 그것만으로도 나는 조금 자유로워질 것이다.

검게 처바르는 것, 나 자신까지도 검게 처바르고 싶어지는 것
— 루이페르디낭 셀린

일찍이 '돈으로 살 수 없는 것은 아무것도 없다'고 큰소리친 넋나간 롯폰기힐즈족▪ 녀석도 있었다. 뭐, 롯폰기에서는 그럴지도 모르지만. 제멋대로 지껄이라지. 그 말에 반론을 제기할 필요는 없다. 새까맣게 덧칠해버리면 되는 거다. 즉 돈이 없어도 할 수 있는 일은 있다. 그걸 다름 아닌 나 스스로 해내면 그만이다. Do it yourself!

▪ 2000년대에 롯폰기힐즈 모리타워에 있는 고층 건물 숲에 본사를 둔 기업의 대표자나 고급 아파트 거주자들을 가리킨다. 벤처기업가나 투자 펀드 관계자들이 많았다. 줄여서 '힐즈족'이라고도 한다.

1년 결산,
쓴 것과 얻은 것

10월. 농촌에서 가장 일손이 부족한 때가 벼를 벨 무렵이다. 항상 초짜인 나를 도와주고 가르쳐주시는 스승님 논의 벼 베는 날은 언제일까. 이야기를 나누며 눈치껏 탐색해두었다. 그리고 그날 태연하게 스승님 논으로 갔다. "제 벼를 베려면 연습 좀 해둬야 하니까요"라는 핑계로 멋쩍음을 감추며, 초짜지만 나름대로 힘껏 거들어드렸다.

툭하면 스승님에게 기계를 빌리고 벼농사를 가르쳐달라고 했다. 돈 같은 것으로는 갚을 수 없는 은혜를 입었다. 내가 해드릴 수 있는 게 이 정도뿐이라 어쩔 수 없다. 농사를 시작하는 4월에 '돈을 드릴 테니 기계를 빌려달라, 벼농사를 가르쳐달라'며 부탁한다고 그걸 들어줄 농부는 없었으리라. 논에서는 돈으로 움직이지 않는다.

가만 있어 보자, 그런데 그 돈이 얼마나 든 거지? 고물 경트럭이 10만 엔. 이게 제일 큰 비용이었다. 반년 동안 집과 논을 왕복한 휘발유 값이 2만 2,008엔, 트럭 시트 3,791엔, 이 트럭 관련 비용이 제일 많이 들었다. 논 자체로 보면 처음 산 물건이 장갑 한 다스 198엔,

삽 818엔, 모내기용 지카타비 2,851엔, 모판 4,200엔, 헬기를 이용한 농약 살포 2,042엔, 화학비료 2,830엔, 밑거름 3,046엔, 방진마스크 2,609엔 등. 모두 15만 4,305엔이다. 생각보다 적지 않은가?

경트럭과 모내기용 지카타비, 삽, 물막이 판 같은 것들은 초기 투자. 매년 드는 비용이 아니다. 작은 논이라서 비료는 내년에도 쓸 수 있다. 경트럭은 있으면 분명히 편리하긴 하지만 논과 집을 걸어서 오갈 수 있는 거리라면 꼭 필요하지도 않다. 그래서 매년 반드시 필요한 비용은 볏모를 사는 데 드는 4,200엔 정도다. 아니, 모판도 직접 만들기로 마음먹으면 수확한 쌀로 가능하다. 실제로 땅 주인의 아버지, 벼농사의 명인이었다는 그분은 내 논 옆에 모판을 마련해 손수 볍씨를 뿌렸다고 한다.

'아침에 딱 한 시간만 농사'라는 규칙을 반드시 지키려고 했다. 하지만 막상 해보니 매일 아침 한 시간씩이나 논에 나갈 일도 아니었다. 1년을 해보고 얼추 방법을 깨달았다. 내년에는 더 잘할 수 있겠다는 자신감이 생겼다. 남는 아침 시간에 반찬거리라도 마련해올까 하는 망상도 슬슬 하고 있다. 시골은 바다가 냉장고, 땅이 저장고니까.

도쿄와 뉴욕 말고는 길게 살아본 곳이 없다. 나가사키 현 이사하야 시가 태어나서 처음 살아보는 시골이다. 이곳의 우리 집 바로 앞에는 혼묘가와라는 강이 있다. 흙과 물이 많아 열을 내보내기 때문에 여름에 에어컨 없이도 시원하게 날 수 있다.

이른 여름 아침, 바다에서 아침 해가 떠오르는 광경을 본다. 아침 해에 손을 모아 합장한 뒤 논으로 출근한다. 경트럭으로 하는 출근길은 다치바나 만을 따라 난 해안도로를 타고 달리는 드라이브 코스다. 파도가 없는 잔잔한 바다 위에 햇살이 부딪혀 부서진다.

논에서 돌아오면 글쓰기에 몰두한다. 저녁이 되면 글쓰기를 멈춘다. 서재 창밖, 산 너머 저편, 오무라 만 방향으로 해가 진다. 숲이 우거진 산 너머로 커다란 오렌지빛 태양이 사라진다. 맥주를 한잔 한다. 숨이 넘어갈 것만 같다. 정말 아름답다. 이곳 이사하야가 아니더라도, 그 어디라도 시골의 자연 경관은 모두 이렇듯 숙연하게 아름답다.

게다가 요즘 시골은 도시 생활 못지않게 편리하다. 상하수도는 당연히 모두 갖추어져 있다. 전기도 들어오지 않는 곳이 없다. 어딜 가도 콘크리트 포장이 잘되어 있다. 도로도, 터널도, 다리도 쾌적하다. 인프라는 지나치리만치 충분히 갖추어져 있다.

얼터너티브 농부가
트렌드가 된다면

만약 이 책이 베스트셀러가 되어 세상에 괴짜가 늘어나고 나처럼 별 볼 일 없는 얼터너티브 농부가 전국에 수십 만 규모로 생겨난다면 어떻게 될까. 벌써 이런 상상을 하게 된다(이것이야말로 망상이지만).

글로벌한 대자본은 반드시 얼터너티브 농부를 망치러 올 것이다. 자본은 자기들 명령을 잘 따르는 충실한 개(국가)에게 캉캉 짖고 겁을 줘서 모두 달아나게 만들라고 할 게 분명하다. '소규모 농업의 유행은 토지의 효율적 이용을 방해한다', '농업의 글로벌화에 장애가 된다'는 식의 이유를 들어서 말이다.

어떤 의미에서는 옳은 소리처럼 들릴 수도 있다. 혹은 소규모 농업 가운데 극히 일부가 마약이라도 재배하거나 야외 라이브를 열어 인근 주민과 트러블을 일으킬 수도 있다. 이런 '사소한 사건'까지 미디어는 과대 포장해서 보도하고, 법적으로 규제하도록 만든다. 얼터너티브 농부라는 존재를 없애버리려고 할 게 틀림없다.

왜일까. 풍족하진 않더라도 시골에서 나름 먹고살 만한, 느긋하게 하고 싶은 일을 하면서 자유롭게 사는 '행복한 사람'이 많아지면 글로벌 대자본에 곤란한 상황이 오기 때문이다. 미국, 영국, 일본 같은 이른바 선진국에서 신자유주의가 이토록 멋대로 날뛰는 까닭은 '굶주림이라는 공포를 이용한 지배'가 있기 때문이다. 어쩌면 빈곤층으로 떨어질지도 모른다는 공포를 주며 '낮은 급여를 받아도 어쩔 수 없다. 일할 곳이 없는 것보다는 낫다'는 생각을 하게 만든다. 블랙기업이라도 정규직이라면 그나마 괜찮다, 불평 말고 일하라, 달리 먹고살 방법이 없지 않은가, 라며 도시 노동자들을 세뇌한다.

그러니 시골에서 스스로 먹고살 벼농사를 짓는 얼터너티브 농부는 골칫거리다. 고되기는 하지만 몸 쓰는 일의 기쁨과 노동의 의미를 찾을 수 있어서 즐겁고, 누구에게도 휘둘리지 않기 때문에 자유롭다. 결과적으로 꽤 풍족한 삶이다. 글로벌 대자본에게 이런 사람들은 없애버려야 할 존재다. 그 규모가 극소수라면 무시하겠지만, 이렇게 사는 방식이 만약 큰 트렌트가 된다면 틀림없이 깨부수러 올 것이다. 역사가 증명한다.

16세기 영국에서 엔클로저(enclosure) 운동 ■이 있었다. 엔클로저 이전에는 영국의 지방 농민에게 커먼즈(commons)라고 하는 공유지가

■   중세 유럽, 공동 이용이 인정되는 토지에 울타리나 담을 둘러쳐서 사유지임을 명시하던 일.

있었다. 그 땅에서 땔감을 얻기도 하고 가축에게 풀을 먹이기도 했다. 이 땅은 지주가 쓰는 땅이 아니기 때문에 농민들이 마음대로 사용해도 상관없었다. 이런 일종의 관습이 오랜 세월 이어져 내려오고 있었다.

그런데 영국에서 산업혁명이 일어나 공장제 자본주의로 바뀌는 시대 변화에 따라 상황이 달라진다. 영국이 '세계 공장'으로 군림하기 위해서는 무엇이 필요했을까? 물론 산업혁명을 통해 효율적으로 움직이게 된 대규모 공장이다. 큰 공장을 세우기 위한 거액의 자금도 필요했다. 그래서 금융 자본이 고개를 들었다. 그리고 빠뜨릴 수 없는 또 하나, 도시에 살며 공장에 다니는 노동자. 될 수 있으면 값싸고 긴 시간 부려먹을 수 있는. 때론 어린이에게도 위험한 일을 시켰다. 그런 써먹기 편리한 노동자가 반드시 필요했다.

그런 편리한 노동자는 자본이나 국가 형편에 맞게 자연발생적으로 나타나지 않는다. 만들어내야만 했다. 지방에서 자유롭게 나름대로 풍족하게 살고 있다면 아무도 자진해서 도시로 가 불결하고 좁은 공간에 처박혀 긴 시간 공장에 묶여 일하려 하지 않을 것이다. 그렇게 하지 않으면 굶어 죽는다, 달리 길이 없다, 즉 '굶어 죽을지도 모를 빈곤에 대한 공포', '굶주릴지 모른다는 공포를 이용한 지배'가 없으면 아무도 도시에 나가 공장 노동자가 되지 않는다.

그리하여 자본과 국가는 노동자를 만들어냈다. 자본에 기대지 않고도 살아갈 수 있는 지방 농민을 자급자족 경제에서 잘라낸 것이다. 엔클로저의 본질이 바로 여기에 있다.

공유지에서 분리된 농민은 도시로 흘러갈 수밖에 없다. 부랑자나 도적이 된다. 그러면 이번에는 그 부랑자들을 단속한다. 그리고 그들을 가둘 감옥을 짓고 정신병원을 세운다. 일하지 않는 사람은 정신병자로 여겼다. 어른은 공장에, 어린이는 학교에 잡아두고 규율을 주입했다.

푸코가 말하듯 감옥, 학교, 병영은 권력에 의한 규율 훈련 장치였다. 규율을 주입하지 않으면 여태 자유롭게 살아온 농민들은 자본이 시키는 대로 움직이지 않을 것이다. 실제로 당시 노동자들은 임의적으로 월요일을 휴일로 여기는 '성스러운 월요일(Saint Monday)'▪을 시행하며 자본에 저항했다.

얼터너티브 농부, 아침에만 짓는 농사, 얼간이 농부… 뭐 몇 백 명이 그렇게 사는 정도야 눈감고 넘어가겠지만 만약 그것이 커다란

▪ '성월요일'로 번역하기도 한다. 월요일을 일요일과 마찬가지로 성스러운 날이라 여긴 근세 유럽의 수공업 공장 기술자들은 자율적으로 늦게 출근하거나 결근하며 자유로운 시간으로 활용했다. 18세기 영국을 비롯한 여러 나라의 산업혁명이 시작되고 노동자의 출퇴근 시간에 대한 규율을 강화하면서 차츰 사라지게 되었다.

흐름이 되면 절대로 그냥 넘어가지 않는다. 국가가, 대자본이 철저하게 깨부수려고 덤빌 것이다. 빤히 보인다.

그럼 역시 그것도 안 되지 않는가. 미래에 대한 전망 같은 건 없지 않은가. 엄벙덤벙하는 덜렁이는 바로 이런 투정을 할 것이다. 아니야, 됐어. 그래도 괜찮아. 세상을 변혁하는 게 목적이 아니다. 세상은 어느 방향으로 가건 좋아지지도, 나빠지지도 않는다. 세상은 늘 추하고, 본질적으로 달라지지 않는다.

> 이런 놈들과 함께라면 이 지옥 같은 어처구니없는 소동은 영원히 이어질지도 모른다··· 놈들이 그만둘 리 있겠는가? 인간 세상의 덧없음을 이토록 뼈저리게 느끼기는 처음이었다.
> — 루이페르디낭 셀린, 《밤의 끝으로 가는 여행》

세상은 변치 않는다. 그저 세상을, 인간의 진실을 응시하면 된다. 검게 뭉개버리고 싶다. 세계도, 다른 사람도, 나 자신마저도 검게 덧칠해 지우고 싶다. 검게 칠한다.

It's not facing up

When your whole world is black

I wanna see it painted black

— 롤링스톤스, 〈Paint it black〉

먹고산다는 것,
결국 살아남는다는 것

앞으로 다가올 미래의 확실한 청사진이 있는 것은 아니다. 아니, 있다면 이상하지 않은가. 혁명 같은 이야기를 하자는 게 아니다. 나는 오히려 철저하게 비혁명(반혁명은 아니다)이다.

어쩌다 얼터너티브 농부가 유행한다면 대자본과 국가가 박살낼 것이다. 그럼 그다음에는 어떻게 해야 하나. 지금은 알 수 없다. 그런 건 아직 몰라도 괜찮다. 그냥 계속 움직이면 된다. 데굴데굴 구르듯 내가 변해가면 그만이다. 진짜배기 뮤지션들은 다들 그렇게 살아남았다.

나는 어디로 가는 걸까. 이런 고민이 시작되면 이끼가 끼어 둔해졌다는 증거다. 어디로 가는 게 아니다. 여전히 이 세상에 있는 것이다. 세상은 그렇게 되어 있다.

Once upon a time you dressed so fine

Threw the bums a dime in your prime, didn't you?

People call say 'beware doll, you're bound to fall'

You thought they were all kidding you

You used to laugh about

Everybody that was hanging out

Now you don't talk so loud

Now you don't seem so proud

About having to be scrounging your next meal

How does it feel, how does it feel?

To be without a home

Like a complete unknown, like a rolling stone

— 밥 딜런, 〈Like a rolling stone〉

왕년에는 폼 나게 살았지

신문사 기자라고 으스대며

세상 사람들에게 '내가 한 수 가르쳐주마' 하는 태도로

모두 얕보며 잘난 척했잖아?

세상 사람들이 '그렇게 좋은 날만 있지는 않을 거야'라고 해도

'멍청이가 멍청한 소리를 하고 있네' 하며 비웃었잖아?

이제 회사가 망할 지경이 되고

출판업계도 빙하기에 들어가고

글쟁이들 원고료도 낮아져 찍소리 못하고

시골로 밀려난 부평초

무슨 생각이 드나? 기분이 어때?

구르는 돌멩이처럼 별 볼 일 없어지니

이봐, 기분이 어때?

그러나 그저 막막하지만은 않다. 어떻게 굴러가면 될 것도 같은 기분이 든다. '알로하셔츠를 입은 농부'는 이럭저럭 성공했다. 쌀을 내 힘으로 얻었다. 반찬이나 맥주는 글쟁이 노릇으로 벌어볼 작정인데, 정 힘들다면 손수 얻을 수도 있겠다는 생각이 들기 시작했다.

실은 수렵 면허도 땄다. 멧돼지나 노루가 논밭을 망치는 일이 늘어나 다들 힘들어한다. 논을 지키기 위해, 내친김에 반찬 마련을 위해, 여차하면 살생도 피하지 않겠다. 불쌍하다는 생각이 들기는 하지만 나도 살아야 하니 어쩔 수 없다. 먹고살아야 하니까.

앞으로 '알로하셔츠를 입은 사냥꾼'이나 '알로하셔츠를 입은 어부', '알로하셔츠를 입은 나무꾼', '알로하셔츠를 입은 베이비시터'

같은 일도 생각하고 있다. 내가 그렇게 쉽게 세상으로부터 내쫓길 줄 아는가? 이 세상을 살아갈 빈틈을 어떻게든 찾아내고 말겠다.

자아를 탐구하겠다느니, 뭐 그런 거창한 생각은 없다. 영원한 틈새 찾기. 나는 '구르는 돌'이다. 그래서 즐겁다. 그렇기에 인생은 살아갈 가치가 있다.

근황에 대하여

이곳은 나가사키 현 이사하야 시, 일본의 서쪽 끄트머리다. 서쪽으로 조금만 더 밀려나면 바다에 떨어질 만큼 구석진 곳이다. 이런 곳에 있으니 중앙 정계의 이런저런 일들에는 아무 관심도 없어진다. 하루하루 흘러나오는 뉴스에도 휘둘리지 않게 되었다. 정신 건강에 아주 좋다. 이제 '햇님과 쌀밥은 어딜 가도 따라온다'고 확실히 믿게 되었다.

이곳으로 이사한 지 2년째. 물론 벼농사는 계속 짓고 있다. 2년 차에는 더욱 과감해져 기계를 전혀 사용하지 않게 되었다. 잡초 뽑기부터 논 일구기까지 모두 내 손과 발로 해내고 있다. 희한하게 바라보던 다른 농부들도 지금은 친절하게 도와주고 가르쳐주신다. 재미있다는 듯이 구경하러 오는 분도 있다.

반찬거리도 직접 마련할까 생각 중이다. 이사하야 시는 삼면이 바다로 둘러싸여 있어 어종이 풍부하다. 낚시 천국이다(미끼로 쓸 벌레는 여전히 만질 수 없지만). 그리고 멧돼지 포획량이 전국 최고다. 예외 없이 이곳도 사냥꾼 수는 줄고 고령화도 심하다. 혹시 모르니 수렵 면허를 따두었다.

그리고 이게 가장 중요한데, 그런 하루하루가 이제 즐거워서 견딜 수 없다는 사실이다. 이런 시대를 살아갈 아이디어가 계속해서 떠오른다. 본업인 글쓰기에도 탄력이 붙었다. 이런 시골에 와 있는데도 작년보다 편집자들의 원고 청탁이 늘었다. 이게 어찌된 일인가. 틀림없이 내가 즐거워 보이기 때문이다. 활기 있게 나만의 삶을 살아가는 게 보이니까. 나는 그렇게 믿는다.

진짜 마지막 콧노래, '하노이 록스'■를 끝으로. 피ー스(peace).

Well I'm heading right to nowhere,

Cos nowhere's where I'm from

■ 핀란드 출신 록밴드. 1979년에 결성해 1985년에 해산했다가 2001년 재결성한 뒤 2009년까지 활동했다.

Maybe to heaven, maybe to hell,

I tell you, only the time will tell

I'm the rebel on the run

Don't ask what I search for

I'm a a refugee and I always will be

— 〈Rebel On The Run〉

어디에도 이르지는 않아

어디서 온 것도 아니니까

천국으로 갈지 지옥에 떨어질지

뭐, 때가 되면 알겠지

난 도망자 가운데 반역자

뭘 찾느냐고?

세상으로부터 시대로부터 도망칠 뿐이야

그렇지만 잡을 생각도 없을 테지

— 기계를 쓰지 않고 한창 모내기 중인
곤도 고타로

최소한의 밥벌이

2019년 6월 1일 초판 1쇄 | 2019년 10월 8일 3쇄 발행
지은이·곤도 고타로
옮긴이·권일영 | 해제·우석훈 | 그림·하완
펴낸이·김상현, 최세현 | 경영고문·박시형

책임편집·남연정 | 디자인·김애숙
마케팅·최의범, 권금숙, 양봉호, 임지윤, 조히라, 유미정
경영지원·김현우, 강신우 | 해외기획·우정민, 배혜림 | 니지털 콘텐츠·김명래
펴낸곳·(주)쌤앤파커스 | 출판신고·2006년 9월 25일 제406 - 2006 - 000210호
주소·서울시 마포구 월드컵북로 396 누리꿈스퀘어 비즈니스타워 18층
전화·02 - 6712 - 9800 | 팩스·02 - 6712 - 9810 | 이메일·info@smpk.kr

ⓒ 곤도 고타로(저작권자와 맺은 특약에 따라 검인을 생략합니다)
ISBN 978 - 89 - 6570 - 802 - 5 (03300)

쌤앤파커스(Sam&Parkers)는 독자 여러분의 책에 관한 아이디어와 원고 투고를 설레는 마음으로 기다리고 있습니다. 책으로 엮기를 원하는 아이디어가 있으신 분은 이메일 book@smpk.kr로 간단한 개요와 취지, 연락처 등을 보내주세요. 머뭇거리지 말고 문을 두드리세요. 길이 열립니다.